I Laura,
gyda diolch iti am ddiodde byw gyda bardd

Ⓑ Aneirin Karadog / Cyhoeddiadau Barddas ©

Argraffiad cyntaf 2019

ISBN 978-1-91158-423-0

Cyhoeddwyd gan Gyhoeddiadau Barddas.

Dymuna'r awdur a'r cyhoeddwr ddiolch
i'r Eisteddfod Genedlaethol am y caniatâd i
gyhoeddi lluniau o arddangosfa Y Lle Celf, 2016.

Cyhoeddir gyda chymorth ariannol Cyngor Llyfrau Cymru.

Dyluniwyd gan Tanwen Haf.

Argraffwyd gan Y Lolfa, Tal-y-bont.

Llafargan

ANEIRIN KARADOG

Cyhoeddiadau
barddas

Cynnwys

'gwneud lle i ganiad y llais'

Rhagair

Yn ôl y diweddar Athro a'r bardd Bobi Jones, mae pob darlleniad o gerdd a wneir gan ddarllenydd yn berfformiad. Gellir dadlau nad yw'n angenrheidiol i gynulleidfa fod yng ngŵydd y bardd, neu iddi weld neu glywed y bardd ar y teledu, y radio neu drwy gyfrwng fideo YouTube i allu tystio i berfformiad o gerdd. Mae rhai beirdd yn anghyfforddus yn datgan eu gwaith ar goedd a rhaid parchu hynny gan dderbyn nad *raconteur* yw pob bardd.

Gwn hefyd am ambell fardd sy'n teimlo fod eraill, gan gynnwys actorion a darlledwyr profiadol, yn gallu gwneud tro sâl â'u cerddi drwy gambwysleisio, camynganu a chamddatgan eu gwaith. Dywedai'r diweddar Athro a'r bardd Gwyn Thomas rywbeth tebyg, gan gredu'n bendant fod ffordd benodol, yn ôl bwriad yr awdur, i'w gerddi gael eu datgan. Ond wrth gyhoeddi cyfrol o gerddi, rhaid ymddiried yn y darllenwyr i wneud teilyngdod â'r cerddi, wrth eu perfformio gyda phob darlleniad. Yn yr un modd, mae gan ddarllenydd hawl i ddisgwyl safon a theilyngdod yn y cerddi y mae'n eu perfformio wrth eu darllen, ac i ymddiried yn y ffaith fod y bardd wedi gwneud ei orau wrth osod y gyfrol at ei gilydd.

Ffrwyth fy nhair blynedd o ymchwil yn Adran Gymraeg Prifysgol Abertawe yw'r gyfrol hon, lle bues i'n ceisio ateb y cwestiwn canolog, 'Beth yw'r berthynas rhwng y bardd, ei gyfrwng a'i gynulleidfa?'. Mae fy nyled fwyaf i'r Athro a'r Prifardd Tudur Hallam am gael y weledigaeth i'm gwahodd i wneud y ddoethuriaeth ac am oruchwylio'r gwaith, ac i'r Athro a'r Prifardd Alan Llwyd am ein sesiynau gwych yn trin a thrafod y grefft o farddoni fel rhan o'r gwaith ymchwil. Mae arnaf sawl disgled a bisgïen iti, Alan! Diolch hefyd i'r Athro a'r Prifardd Christine James, Robert Rhys a phawb yn Adran Gymraeg Prifysgol Abertawe yn ogystal â staff diwyd Academi Hywel Teifi am bob cefnogaeth.

Fel rhan o'r gwaith ymchwil, ces y fraint o greu cerddi; yn wir, cymerais y fraint o ddifrif ac fe luniais dros ddau gant o gerddi fel cyfraniad tuag at yr astudiaeth. Caiff y traethawd weld golau dydd mewn rhyw ffordd neu'i gilydd dros y blynyddoedd nesaf, ond dyma gyfle i rai o'r cerddi weld golau dydd a chael eu perfformio, gobeithio, gen ti, ddarllenydd. Bu rhaid dewis a dethol cerddi o blith y swmp a gynhyrchais ac felly mae llai na chant o gerddi i'w gweld fan hyn. Rwy'n grediniol fod angen i gyfrol fod yn fwy na dim ond ymarferiad mewn gwagio drôr, ac felly, mae yma gofnod newyddiadurol o ddigwyddiadau, a chofnod personol yn ymwneud â hunaniaeth, gwreiddiau a theulu.

Efallai, am y tro cyntaf yn fy mywyd, fy mod wedi canfod lle y gallaf ei alw bellach yn gartref, sef Pontyberem yng Nghwm Gwendraeth. A minnau wedi fy ngeni yn Llanrwst, ryw how-setlo ym Mhontardawe, cael rhywfaint o drafferth ar y dechrau yn dygymod â chaledwch y cymoedd dwyreiniol ym Mhontypridd a sgwotio yn Llanelli, mae'n bwysig iawn imi fod modd galw Pontyberem yn gartref. Rhan arwyddocaol o hynny felly yw fod y pentre yn chwarae rhan bwysig yng ngherddi'r gyfrol hon, o'r awdl 'Ffiniau' i'r bryddest 'Cwmpentwll'.

Ac wrth i'r gyfrol ddilyn fy nhaith lle'r es oddi wrth fy ngwobr, (Cadair Eisteddfod Genedlaethol y Fenni 2016) at fy ngwaith (sef gweddill y gyfrol), rydw i a'r teulu newydd gymryd trywydd gwahanol yn ein bywydau wrth inni ffoi i Lydaw am flwyddyn. Wedi pedwar mis yn byw yn ardal a chartref genedigol fy mam yn Kerlouan, pentref bach tawel, glan môr, ar arfordir trawiadol Bro Bagan yn Llydaw, rwyf eisoes wedi teimlo'r dynfa a ddaw gyda llanw a thrai hiraeth ac wedi gweld eisiau Cwm Gwendraeth a'r gymuned farddol Gymraeg yn enwedig. Yn wir, ffrwyth canu cymdeithasol yw nifer o gerddi'r gyfrol hon – rhan o swyddogaeth y bardd o Gymro. Ond fe'm perswadiwyd gan ambell lais yn fy nghlust nad yw pawb yn gwirioni'r un fath ar gerddi i bobol nad ydyn nhw'n eu nabod, waeth pa mor grefftus neu lwyddiannus fu'r cerddi hynny. Buan iawn y sylweddolais mai cynnig amrywiaeth i gynulleidfa sy'n bwysig; cynnig ystyriaeth ar thema neu bwnc y gellir uniaethu ag ef, boed hynny mewn cerdd gyfarch neu mewn cerdd sy'n fwy personol ei natur.

O fod wedi encilio i Lydaw, sylwais nad oedd pobol yn holi am gerddi. Diddorol yw hynny. A oes yn rhaid, felly, i fardd o Gymro fyw yn ei gymdeithas a byw yng Nghymru er mwyn gallu cyflawni ei swyddogaeth, hyd yn oed yn oes rhwydweithiau cymdeithasol a band eang? Tybed, ym mhen y flwyddyn pan ddaw'n amser troi'n ôl am Gymru a Brexit yn taflu cysgod ei grafangau bwystfilaidd drosom, a deimlwn dynfa i fod eisiau byw yn Llydaw hefyd? Wn i ddim. Ond braf yw gwybod fod yna ddarnau bach o'r ddaear yma sy'n teimlo fel milltir sgwâr. Mae gallu dweud fod gennym ddwy filltir sgwâr yn fraint.

Yn y lle cyntaf, fe gafodd pob cerdd yn y gyfrol ei dweud yn uchel, gan taw dyna'r ffon fesur orau, yn fy marn bach i, wrth geisio gwerthuso cerddoriaeth a rhythmau fy ngherddi. Yna, wrth ddewis a dethol cerddi i'r gyfrol hon ac wrth wneud fy ngwaith ymchwil, daeth yn amlwg fod sawl un yn colli ei hapêl heb imi ei pherfformio ar lafar, a gwn yn iawn fy mod i'n berfformiwr amherffaith a fagodd arferion a ffaeleddau. Sylwais hefyd fod yna gerddi sy'n gweithio'n well ar bapur yn unig, heb fy llais yn ymyrryd â nhw, a bod yna gerddi eraill, wedyn, sy'n gweithio cystal yn y ddau gyfrwng: ar lafar ac ar bapur. Felly mae rhwydd hynt i ti, ddarllenydd, droi yn ddatgeiniad a'u datgan a'u llafarganu'n uchel, neu fyfyrio dros y cerddi hyn yn dawel. Ni allaf wedi hynny ddim ond gobeithio fod yna gerdd neu ddwy yn y gyfrol hon sy'n plesio.

Kerlouan, Llydaw,
8.12.18

Ffiniau

Adduned

Awn at y cynfas â rasel a'r rhwyg
    sy'n rhwyg rhag pob rhyfel;
ond a ddaw hwn, doed a ddêl,
yn llun arall i'n horiel?

Gwŷr a aeth Catterick Barracks

Dynesu â'r radio'n isel a'r gaer
  i'w gweld ar y gorwel
dan weiren o gynnen gêl
yn bigog hyd ei bogel.

Mor finiog yw arfogaeth tawelwch
  rheng teulu. Â hiraeth
yn nhrofeydd eu nerfau, aeth
y lôn yn lôn gelyniaeth.

Danfon, â'r ddau ar donfedd wahanol,
  ei unig etifedd;
gyrru'i fab i gwr ei fedd
a'r gyrru'n ddidrugaredd.

Ceisio darbwyllo'n ddi-ball, a phledio,
  cystwyo nes deall;
gyrru, gyrru fel y gall
un gair roi cynnig arall.

Herio, dannod hyd anair. Daw'r bennod
  a'i rhu i ben â deuair,
ond mae *scud* ym mhwysau gair
a'i gawod flêr yn gywair.

Nawr mae'n ŵr, mynna'n heriol filwra
  fel arwr i'w bobol;
y mab sy'n fomiau o'i ôl
a'r ffrae waedrudd mor ffrwydrol.

A thad diymadferth yw i'w rwystro
  rhag cofrestru i'r distryw;
rhag llw i farw neu fyw,
rhag y gad. Rheg wag ydyw.

Ar y lôn un ril o luniau a wêl
   ar orwel eu geiriau.
Yng ngwaed oer y ddadl rhwng dau,
oer yw gwaed y rhwygiadau.

Ond bu gwres yn eu hanes nhw'n gariad
   ac oeri wnaeth hwnnw.
Oera'r llun ers tyngu'r llw,
llun aelwyd a'r lle'n ulw.

*

A'r mab wedi mynd i'r fyddin

Fe wêl ar sgrin yn crino
drefi rhacs, di-rif o ro.
Dan haul ergydion o hyd
y gorwedd plant mewn gweryd.
Blodau dan rwbel ydynt,
petalau ar gau'n y gwynt
yn dusw o gnawd iasoer
a chri rhieni mor oer.

Fe wêl ar sgrin ddiflino
resi trist yn aros tro.
Nhw y dynion diwyneb
a dienw, nhw sy'n neb.
Di-air yw ffoaduriaid,
di-air o hyd ydyw'r 'haid'.
Uwch bwyd, medd siwtiau llwydion:
'Ynys anghenus yw hon ...'

Meistri creulon yw'r tonnau a'r ewyn
yn dynn ei gadwynau,
a'r heli'n cloi'r hualau
oer o ddŵr nad yw'n rhyddhau.

Y môr yn codi muriau, a gwyntoedd
drwy gyntedd yn rhwystrau;
ond arafed eu rhwyfau,
ymhob rhwyf mae grym parhau.

Nid rhith yw mynwent traethau, ton ar don
a dyr yn llawn angau
â'r gwymon yn y tonnau
yn rhaffu broc y cyrff brau.

Y tir yn codi tyrau a chlwydi
â chaledwch geiriau;
mesur a phennu'r ffiniau,
yna'r lôn drwy'r clo'n culhau.

Ffrydio yn llif amddifad,
ffrwd o blant yn blant heb wlad
dan ofal byd o falais;
ffrwd o blant yn blant heb lais.

Un ac un yn ymgynnull yn nhir neb,
treulio'r nos ym mhebyll
y gors a bryntni'r gwersyll,
gweld un llygedyn drwy'r gwyll ...

*

Pan oedd yntau'n fachgen

Dau gadno'n cilio i'r coed
o fin y dre'n ysgafn-droed
i'r wlad, i faes cad eu coedwig,
draw i'r wig i gadw'r oed.

Dim ond plant yn triwanta
yn eu deilfyd a'u helfa
ffôl, arferol drwy fieri,
yn cosi, drwy'r drain casa'.

Yn nythu, clywson' hwythau,
yng nghewynwaith canghennau,
dôn a'i hengord o newyngan
gan bâr egwan y brigau.

Ond mynnu cad am ennyd
a wnaeth un yn y funud,
a mynnu difa a wna'r naill
a'i gyfaill o'i go' hefyd.

Aeth coron frau y fronfraith
i lawr dan ddwrn malurwaith.
Trodd, gwingodd mewn cyfyng-gyngor
o ofni dwylo'r fandalwaith.

Torrwyd cod y gwybod gwell,
oeri byd, mynd yn rhy bell,
chwerwi'r dydd a wna'r chwarae Duw
i gyw a'i angau'n gawell.

Dau archelyn, drwy'r chwalu,
a welwyd wedi'r malu.
Yr oedd dwrn un mor ddi-droi'n-ôl,
diferol fu'r difaru.

*

Draw, draw yn San Steffan

Ymhell bell o Gymru a'i chymoedd llawn llymru,
yn boeth mewn senedd-dy yn chwysu'n llawn chwant
am fwgyn a llymaid o win fesul gwydraid
fel haid diaconiaid y cwynant.

Mae'n hannwyl wleidyddion dan bwysau yr awron
rhwng amryw faterion i bleidleisio'n las.
Neu ai coch oedd lliwiau y cyfiawn bleidleisiau?
Mae prisiau ar ddoniau'n y ddinas ...

Mae pleidlais, sy'n waraidd, am elyn llechwraidd
a'i ddulliau anwaraidd, barbaraidd; a bom
yw'r ateb i'w dewi a'i ddifa o ddifri,
mae'n biti ei bod-hi heb atom:

y bom a ollyngir, mor hawdd y gwaredir
â thipyn cyfandir mewn nadir yn awr.
'Prysured y bomio, aed â'r heddwch rhagddo,
ninnau'n gwylio, dan hwrio, ein horiawr;

fe dry y munudau a'u tician fel bomiau,
eiliadau fel oriau'n recordiau a'u cân
yn troi'n yr un rhychau; O! Dewch â'r pleidleisiau!
Oes pall ar y dadlau?!'
  Pob bendith i ffonau,
i rywrai mae 'na WiFi'n San Steffan ...

*

Man gwyn, man draw

Gwelant ar sgrin ddiffiniau
wlad sy'n glyd, suo'n eu gwlâu
mae'i phlant: ni chlywant uwchlaw
swn bomio'n dystion distaw.
Y wlad sydd heb fwledi
a gwlad ddiogel yw hi.
Y dre'n aur, yn Dír na nÓg
a dwylo o groeso gwresog
yn estyn mas dan y môr
rhag tonnau angau'n angor.

*

Uwch caeau'r Hendre

Y mae'n Glamai ond nid mwyn golomen
a ddaw heibio'n fflio'n wyn ei phluen.
Hebog llygadog sy'n hel llygoden,
deryn a chwennych y drin a'i chynnen
â gwaed o'i big i'w aden; troi'n ddi-hoe
a chonfoi ei sioe uwch henfaes awen.

*

Tyfu milwyr

(Ramadi, Mai 2015)

Daeth i'w thŷ naw dyn, un dydd,
a'u gynnau'n hau had newydd,
yno i ffermio â'u ffydd.

Fe welant fab sy'n filwr,
yntau nid yw eto'n ŵr
a heddiw nid yw'n lladdwr.

Cais un ddyfrhau casineb.
Dwyn y wên dan ei wyneb.
Dweud wna nad yw Dad yn neb ...

Duw yw'r tad a fwyda'r tŷ.
Ni all y plant drwy'r dallu
godi'u llygaid o'u llwgu.

Â llanciau i gaeau'r gad.
Heb hers mae meibion Persia
dan lwch yr un staen o wlad.

Heb gynhaeaf ers cynaeafau, heb
    yr haul na'r gwanwynau;
  yn y cof mae cae i'w hau
  i fam mewn cae o fomiau.

*

E-bost gatre

Annwyl Dad, wy nôl o daith
dreino cyn mynd ar unwaith
sha Iraq. Wy'n gweld ishe'r iaith
weithiau. Wy'n gallu saethu
yn siarp, fi yw'r gore sy'.
Fe yrra' i neges fory.

*

Wrth bori drwy Twitter

Rhed ei fys ar hyd ffrwd fyw
a diwaelod yw'r dilyw.
Lawr fesul rhif, islaw'r rhyd
o waedu, drwy'r dywedyd,

mae pob ffynnon yn cronni.
Daw un llyn o waed yn lli
i gnoi tir, argae'n torri

yn ias oer yw'r ddinas hon;
ceulad yw ei thor calon.

Mynwent yw ei phalmentydd
a llif eigion llifogydd
o lan racs sy'n cilio'n rhudd.

Rhed Seine o grio. Dwysáu'n
ail don, yn alwad enwau.
Wedi'r bwledi, blodau'n

dusw yw'r meirw ym Mharis,
meirw a'u henw ar ris.

13.11.15

*

O'r Orsaf Ofod

Gwêl eisiau'r moroedd gleision a gwêl dir
yn hancesi hir sy'n llawn cysuron.
Mi wêl euro'i hymylon gan fflamau,
gorwel a'i grychau'n gyrliog o wreichion.
Ar echel mae'i hentrychion ymylol
yn dawdd anwesol rhwng dydd a noson.
Un bêl dan grib awelon yn treiglo,
grawn yn rholio, gronyn ar orwelion
yw'r bêl sydd dan raib olion gŵr a gwraig;
ai dŵr ar graig yw ein daear gron?

*

Yazidi

(dan ormes ISIS)

Dial sy'n eu credoau, ffieiddio
a'u ffydd yn eu beddau
yn gred nad yw'n trugarhau,
yn Fohamed o fomiau.

Tyr y rhyfel trwy bentrefi a thras
a'i thai rhemp sy'n llosgi;
ar ffo rhag fflamau'i chyrff hi,
ffoi o'r nos a'i ffwrneisi.

Dim ond un goelcerth nerthol a welir
yn olion o waddol,
a'r wawr ar herw ar ôl
y diniwed, annuwiol.

Llu o wŷr wedi eu lladd a'u gadael
yn gwaedu heb angladd;
a rhaib y gwŷr heb eu gwadd
yn troi'n wae hwnt i'r neuadd.

O anwirfodd, daw hen arfau dynion
a dwyn y trysorau,
rhegir gwaedd oer gwragedd iau
yn eu cist o goncwestau ...

... Swatia'n rhy agos ati, â'i anal
yn ewinedd arni;
a'i chynnal wna'i hanal hi
drwy oes waed yr Yazidi.

*

25

Dros blant ein plant ...

Yn Nhrem-y-cwm, nawr mae cad
i'w hennill eto'n anad
y cyfan. Eco hafau
y pyllau aur sy'n pellhau,
pob enfys felys a fu
a swn pêl, nawr, sy'n pylu.
Mae plentyndod yn codi'n
des o gae'r Waun, dwys o grin
yw glaswellt dyddiau glasoed;
nid yw'r wên yn cadw'r oed.

I osgoi rheg, diffodda'r sgrin
a'i rhith, â tua'r eithin
a'r banal, mae ar binnau'n
fyr ei wynt a'i gam yn frau.
Mi wêl haul fel Malala,
haul cry, a'i anadlu a wna.
Dealla hyn: nid â llef
dialedd y lleddfir dolef.
O hyd, oni ddaw yn haf
newydd, ni ddaw yn aeaf.

Am ennyd ar y mynydd
saif fan hyn ar derfyn dydd.
Wyneba'r byd yn nebun,
gwybod bod ei fab ei hun
yn rheibio tai. Trwy'r byd hyll
mae gynnau yn ymgynnull.
Plant ein glob sy'n bwydo bedd,
rhodd y ddaear ddiddiwedd.
Gwêl fyd yn fachlud a fu,
ond y nos sy'n dynesu ...

Y Cyfarch
a'r Cofio

I'm tiwtor yn Nhreforys

(y Prifardd a'r Athro Alan Llwyd)

Hydref oer o Dreforys
a cheir llwm, wrth gyrchu'r llys
sy'n groeso. Ond diawlio'r dail
a byw gerfydd y bogail
a wnaf innau, fy hunan,
byw'n glaf, byw gaeaf y gân
heb weld prydferthwch y byd
a'i wanwyn ym mhob ennyd.
Diawlio'r treiglo tymhorol,
dawlio'r rhod o alar; ôl
o alaru'r haul euraid,
haul ein haf, yw'r dail yn haid.
Damio ceir a mynd o'm co'n
ddiamynedd â manion
ein hoes wrth yrru a wnaf.
Ar hyd lôn oer dilynaf
drofa hir dy Dreforys,
nid byw'r fraint yw byw ar frys.

Parcio'r car. Daw proc i'r co',
croeso'r wên, croesi rhiniog
caer gartrefol; di-lol yw,
gwâr o hyd o gaer ydyw.
Stafell lawn, stydi fyw llên,
môr yw ym mhair yr awen;
môr myfyrdod sy'n ymhél
yn y tŷ, môr creu tawel,
un cefnfor â'i lifddorau,
dafnau o iaith sy'n dyfnhau
hyd nes y daw hen ias dôr
ag eigion dysg, o'i hagor,
i foddi â chelfyddyd
y dudalen wen o hyd.

Wyt Alan y gynghanedd
â chlust mor finiog â chledd.
Yn sain *sensei* o ansawdd
y daw'r sglein a'r hwp dros glawdd.
Taro cân fel crefftwr cain,
taro, geirio yn gywrain.
Yn d'ymyl mae dy emwaith,
traw'r gân, deiamwntiau'r gwaith,
ag Alaniaeth, yn sgleinio;
yn sgleinio'n goron o'th go'.

Yn nhywyllwch f'anallu,
yn ffau fy honiadau hy
am ryw arwr mawr arall,
honnwr dawn, bûm yrrwr dall.
Ni welaf yr hyn 'weli:
y dref yn ei hyder hi,
gweld ei phobl, gweld gwlad a ffin,
gweld cnaf a gweld cynefin.
Yn dy ganu, daw gwanwyn
a gaea' mawr rhegi mwyn.

Purydd a pherffeithydd ffôl,
mydrwr a ŵyr mai meidrol
ydym o hyd am mai hyn
a wêl y bardd-feidrolyn.
Athro da heb ruthro'r dysg,
ddoe a heddiw yw addysg.
Ond trwy fory Treforys
af â'r wên heb fod ar frys.
Ameniaf pan fo manion
rhuthr o lwyd yn britho'r lôn
a thawel yw, af o'th lys
trwy haf euraid Treforys.

Cân yr adar mân

(i Joy Williams ar ei hymddeoliad fel cynghorydd sir
ac fel llywodraethwr yn Ysgol Gynradd Pontyberem)

Mae un a wêl ein cwm ni
yn wahanol eleni
am i ddail ymddeoliad
ddisgyn dros y glyn. Ein gwlad
sy'n dlotach, noethach yn awr
heb ryw si'r hardd brysurwawr,
y geiriau llawn gweithgarwch
fu'n atsain drwy'r drain yn drwch
i roi llwybr a hyder llais
i fintai yr anfantais.
Rhoi'r hyder mwy i'r adar mân
wau eu chwedlau'n ei choedlan.

Mae ei henw'n gymuned,
dawn ei llais yw'n hyd a'n lled,
a'r Gymraeg yw ei mêr hi'n
chwyrn drwy'r esgyrn yn llosgi.

Mae ei henw'n gymwynas,
nid gair glew ond gorau glas
a ro bob tro. Nid trial,
am y myn weld maen mewn wal.

Mae ei henw'n emynau
i'w morio oll, cans mawrhau
y caredig yw credu
yn Gristion y galon gu.

Yng Ngwendraeth ei hiraeth hi
aeth dewiniaeth daioni'n
brinnach fesul ach, nes aeth
yn hindrans o hen Wendraeth.

Unwn, diolchwn yn da'r,
yn un haid o fân adar
dangoswn trwy'n sŵn swynol
fod yr iaith hefyd ar ôl
yn rhodd i adar heddiw
o bob lle ac o bob lliw.
A jawch! Canwn Ode to Joy'n
bigynfain â gwib-gonfoi.
Ei chwm sy'n gwm i ni i gyd,
yn nefoedd inni hefyd.

Mae un a wêl ein cwm ni
yn wahanol eleni;
â dagrau caredigrwydd,
â boddhad yr alwad rwydd,
ei chwm sy'n gwm o gymorth
rhieni da a ranna dorth,
yn rhannu o'i harweiniad
a'i llais yn llonni'r holl wlad.

Iaith cariadon

(i Lan a Lleuwen, y Llydawyr a'r Cymry gorau)

Pa boeni pawb â heniaith?
Pa ots am anhap i iaith?
Onid oes digon i'r dydd
a'i reg e yn dragywydd?
Oni fu mwy i fywyd
na byw iaith yn nhreigl y byd?

Peidio â hidio wna dau
â lôn yn eu calonnau
i'w dilyn yn un lôn hir;
o'i rhodio fe siaredir.
Ac awn yn awr lawr y lôn
a rhodio â'r cariadon ...

Mewn nwyd, unwyd dwy heniaith,
mewn nwyd di-air mae 'na iaith
a all uno mewn llawenydd;
iaith yw'r wên ac mae'n iaith rydd
i'w bloeddio, hawlio o hyd
gan mai gwên yw mwg ennyd

o dân, pan fydd dwy heniaith
yn cwrdd a chreu sbarc o iaith
newydd, hardd, i'w naddu hi
ar wŷdd yn air i'w weiddi.
Yng ngwyll oes, y tyngu llw
a haedda, 'rôl sws feddw,

briodi'r bore wedyn
rhwng meddwi a sobri'n syn.
Llw o hyd ydy Llydaw;
Cymru, o'i thaeru ni thaw.
Yn unllais, tyfu'n swnllyd
a wna'r llw uwch berw'r byd.

O rodio, daeth Caradog.
Yna, ag Eira yn gog
o gân a'i geiriau'n gwenu
y daw, yn Llydaw, un llu:
merch a mab ym mreichiau môr.
A rhegi, nid oes rhagor,

gan mai gwên magu heniaith
a dyf â phob cam o'r daith.
Dan orwel aur, dena'r lôn
ar ei hyd lu cariadon
a'u golau byw'n treiglo byd
a thyfu heniaith hefyd.

Kenavo Eurig

(mewn ymateb i gywydd fy nghyd-bodledwr ar 'Clera',
Eurig Salisbury, 'Mewn Hiraeth am Aneirin')

Canaf â hiraeth, *Kenavo* Eurig.
Kenavo i nos cnafon ynysig,
kenavo holl gred confoi llygredig
trên llawn o gwynion dynion Prydeinig;
i Lydaw oleuedig af dan her
ar fyrder â hyder eangfrydig

tua'r awyr las a'r porfeydd brasach
lle mae sgyrsiau'r dociau'n garedicach,
i geisio gefeillio trwy gyfeillach,
magu heniaith ar aelwyd amgenach,
i dyfu iaith Llydaw fach, dyna'r gwaith:
i greu â heniaith do iau sy'n groeniach.

Ond ar y llong daw awr o ollyngdod,
awr lle sadiaf nes ildiaf i swildod
ac i'r awendwf daw pall yn gryndod
drwy'r llais fu'n gry, o'm deutu mae'n datod,
a thrwy'r môr llithra fy mod a'r Nei hy
rhywle ar ei wely oer o waelod.

Ond wele, mae Llydaw yn dy awen;
dy holl academia yn un domen
o gerrig, Eurig, un gadwyn geirie'n
ein heddiw yn dal mai ddoe ein *dolmen*
yw'r maen hir yma'n y wên, dy gân gaeth
â llên derwyddiaeth yn llawn dy wreiddie.

Na, ni welais wrth ddianc trwy'r niwloedd
fod ynot ti holl gyfoeth y trioedd,
calon hen Frython a chof o'r ieithoedd
sy'n fôr rhyngom, yn seinfur i rengoedd
dorri pellter milltiroedd drwy'r awel.
Wyt Vreizh Izel, wyt fro'r oes oesoedd.

Drwy'r curlaw o Lydaw oleuedig,
carca di Walia drwy'r oes gythreulig;
bydd wyliwr, gwarchodwr ei hychydig
gywyddau yn y llannau pellennig.
Mewn antur fawr mentraf orig, 'sywaeth
canaf â hiraeth, *Kenavo* Eurig.

Kerlouan, Llydaw
28.10.18

Er cof am Ioan

(i Osian a Fflur Rowlands)

Ni ddaeth ein mab yn fab a'i fyd yn wên.
Daeth ei wawr a'i fachlud
heb roi anadl byw'r ennyd;
daeth yn hiraeth ar ei hyd.

I Osian a Fflur

(wrth ddathlu degawd o briodas)

Dewi Aled a'i heulwen, swynion lu
Betsan Lois – ein hawen.
Ioan yn gyfan yw'n gwên;
yn deulu trown dudalen ...

Meddygon y doniau

(i raddedigion Ysgol Meddygaeth Caerdydd)

Heddiw â gweddill eich dyddiau yn galw,
gwelwch, drwy'r doluriau,
yn feddygon y doniau,
mai chi sydd â'r grym i iacháu.

Chwarae
(er cof am Gwyn Griffiths)

Cors Caron. Dagrau'n cronni'n
ddi-oed yw ei dyfroedd hi.
Ond â'r adar i oedi'u

miwsig hardd. Ym Maes y Coed*
ni leisir chwarae glasoed
yn filwyr hy fel erioed.

Yn Rosko* nid yw'r Sioni'n
galw i win gael ei weini
ers i'r llais fud-groesi'r lli.

Ar donnau mae geiriau Gwyn
dan y mast yn ymestyn
i'w dir e, Llydaw'r ewyn.

* Maes y Coed yw'r ardal o Bontypridd ger Heol Sardis
  lle roedd yr awdur Gwyn Griffiths yn byw.
* Rosko yw'r enw Llydaweg ar dref Roscoff.

Er cof am Elwyn Hogia'r Wyddfa

Wyla'r Wyddfa wrth d'orweddfan, wyla'r
   awelon alargan;
  yn y bwlch wyt ddraig pob ban
  yn y cof yn cyhwfan.

Cofio Ray

Grav oedd Grav, dyna'i gryfder, 'Odw i'n iawn?'
   Dyna oedd ei bryder;
  ond daw sŵn, medd Duw o'i sêr,
  Grav o hyd, Grav a'i hyder.

1.11.17

Stephen Hawking

Gwrthod ildio drwy'r anhwylder, mynnu
   mai ennyd yw amser;
  baich undyn oedd bychander
  yr oes hon o geisio'r sêr.

Y pen draw
(er cof am Gwyn Thomas)

Cyrhaedda draeth, cerdded draw
â'r dyfroedd yn rhu difraw
yn ei glyw, yn treiglo o hyd
yn glir iawn, treigla'r ennyd
yn y mêr. Nawr, mae'i eiriau
yn bair hen sydd am barhau
am mai baich pob grym bychan
sy'n ei yrru, gyrru'r gân
yn ei blaen. Gwibia'i luniau,
gwibio'n sŵn, gwibio, nesáu ...

Â'i gam, synhwyra amser.
Cân faith yw tician ei fêr.
Arhosa. Byw trwy'r oesoedd.
O weld ei iaith, ei wlad oedd.
Drwy'r drin, â'n Haneirin ni'n
ddihenydd fyw'r barddoni,
i'w glyw'n gelain, â galar
drwy ei waed, a gwêl dir âr
o gyrff pob gorchfygu hyll
yn ei gân yn ymgynnull ...

Ond gwêl, rhwng du y galar,
fywyd gwyn hen fyd a gâr,
manylion y manion mawr,
monsŵn hir mewn sŵn oriawr,
bywyd a'i holl strach bob dydd,
ein holl lên mewn saib llonydd.
Yn ei glyw, yn treiglo o hyd
yn glir iawn, treigla'r ennyd
yn don o'n holl chwedloniaeth,
nes daw i ben draw ei draeth.

I Gerallt a Dwynwen Pennant
(ar achlysur eu priodas)

Boed olwynion byd a'i lonydd ar gyrch,
    neu ar gil y mynydd;
drwy eich cusan, bobman, bydd,
yn y fynwes, Eifionydd.

Gwalia
(ar ôl gwrando ar albym Gai Toms)

I'r clyw daw'r traciau a'u halawon gwych
    a dawn Gai a'i straeon
    yw rhoi'r dwfn ym mêr ei dôn,
    geilw *Gwalia* y galon.

Ein Tywysog Geraint

Enwn bont i'w felynwib e, Geraint
    y goron, ddod gatre'n
arwr dewr, t'wysog o'r de,
a'i lys yn Champs-Élysées.

Er cof am Emyr Oernant

Tir âr yr iet a'r arad sy'n ei gân,
    sŵn ei gae yn drawiad;
un heb radd, glei, ond bardd gwlad
o bencerdd ymhob winciad.

I Feuryn newydd y Talwrn

Bu Gerallt ymhob geiryn, y mesur
    amhosib i'w ddilyn;
canu fory yn Feuryn
wna'r côr i wawr Ceri Wyn.

Ysgol Farddol Caerfyrddin
(a sefydlwyd gan Tudur Dylan Jones ym 1992)

Cododd Dylan, drwy ganu, adeilad
    a'i aelwyd yn llety
i wledd y creu rhwng welydd cry;
anheddodd gynganeddu.

Gwanwyno

(er cof am Cynthia Dodd, fy athrawes
yn Ysgol Sul Soar, Pontardawe)

Â thrai'r mis Mawrth oera' un,
â hen obaith, o'i ddibyn,
o'i newynu i'r gwanwyno,
drwy'r eira trwm, gyda'r tro,
gobaith a ddaw â'r gwybod
o fêr ein holl esgyrn fod
i gylch y rhod glychau'r haf
yn brawf o'r diwrnod brafiaf.

Ond fel Cain, milain fu Mawrth.
Un bedd rhyfedd o rewfawrth,
rhyw Fawrth yn ei ryferthwy
ac nid Mawrth oedd ein Mawrth mwy.
Nid twrw'r ifanc, ond rhewfyd,
nid Dewi'n gennin i gyd.
Un gaeaf sydd yn gwywo
yw'n cân yng ngwanwyn y co'.

Yn Soar i'n croesawu
yr oedd un wên hardd yn nhŷ
yr Arglwydd yn ysgwyddo
ein baich yn fraich am y fro.
Roedd Cynthia yma o hyd
yn ymwybod sawl mebyd;
Mrs Dodd, moes Duw ydoedd,
Mrs Dodd, Mam, wastad oedd.

O Sul i Sul rhoes olau,
rhoi eto iaith i'r to iau,
rhoi yn hael o'i haearn hi,
rhoi *hymnal* ei Chwm Rhymni,
ac am ei roi yn Gymrâg
i do iau'r geiriau gorwag,
i'n glo dwfn daeth gole dydd
o genhadu'n ganiedydd.

Rhewyd, tawyd Cwm Tawe.
Ac yn awr, ei Gwynn a'i ne'
a wêl. Ond trwy ein hwylo
(nid meirw cwsg), rhaid dadmer co'
i ddal, yn llond ei ddwylaw,
bopeth hardd, drwy bopeth ddaw,
sy'n waddol ar ei hôl: rho
lun sy'n un o wanwyno.

26.3.18

Cofio Olwen Dafydd
(gwraig i Ifan a mam i Rhiannon a Gwenno)

Yn ei sgil, yn gymysg o Olwen fe dyf
  o hyd wyrth yn haenen
  o'i charu hi. Chi yw'r wên,
  blodeuwyr blodau'i hawen.

Er cof am Gareth F. Williams

Yn rhydd i'w Eifionydd fe â yn ôl
  ac yn awr distawa;
  distawed yw Awst a'i ha,
  o'n co' ni cawn Anogia.

Gorwelion
(er cof am Steffan Lewis)

Roedd Gwalia'n tarddu o'i galon, codai
  uwchben cad gwleidyddion;
  deil ei lais i adael lôn
  ar ei ôl o orwelion.

'Ni allwn adael y dagrau'n rhydd'

Coch

Coch fel briw ar ben-glin bach wedi baglu yn y parc,
coch fel ein bochau yn blant wedi'r antur,
coch fel y ddraig yn cyhwfan ar faner garpiog,
coch fel gwin wrth i wydrau gusanu,
coch fel dy finlliw ar ei wefus e wedi'r gusan,
coch fel y fefusen a gynigiaist, gyfnither, un tro,
coch fel dy gynddaredd yn erbyn dy gancr,
coch fel dy awydd i fyw,
coch fel dy got drwy beniseldod gaeaf,
coch fel dy wallt,
coch fel dy iaith,
coch o fwrgwyn i sgarlad fel dy allu i gyfieithu,
coch yn lliw pob atgof ohonot ti.

*

Dal i droi mae'r hen fyd 'ma

Mae 'na Gathryn ynom oll,
f'annwyl ferch, fy noli fach,
a bydd dy gyfnither goll di
yn rhan ohonot bob cam o dy daith,
fel y mae'n rhan ohonom oll
erbyn hyn ers iddi huno.

45

Ac er nad oedd hi'n neb
i chi, ddarllenwyr cyndyn,
nac yn ddim ond llun dierth i ti,
fab direidus, cariadus, caredig;
i ni roedd hi'n bopeth,
yn bawb, yn holl wynebau'r ddaear,
wedi ei chloi yn ei hieuenctid
hyd nes i ni ei gweld hi nesa',
os ydy'r fath fraint yn bod.

*

Nadroedd

Sleifiodd yn nadroedd
trwy gelloedd
dy gorff

a dwylo'r
meddygon yn methu
â'u dal gerfydd

eu cynffonnau,
dro ar ôl tro.

Fel Cymraes,
fe gest dri
chynnig.

Ond trwy bob triniaeth
roedd eu hisian
yn fyddarol.

Yn dy wên
roedd cancr
yn C fawr

ar ei chefn

a thithau'n rhoi
dy gariad
i'w guro.

Ond ymgordeddu
amdanat
a wnaeth

yn y pen draw.

*

Brain

(Yn angladd Cathryn, ei dymuniad oedd inni wisgo coch,
ei hoff liw, neu ddillad lliwgar o'n dewis.)

Arferwn feddwl
mai negeswyr
yr Angau oeddech.

Ond cawsoch gam.

Mae cysur yn eich crawc
a sglein gobeithiol
yn eich plu,
ers imi eich gweld
a'ch clywed
tan lafn yr enfys a wenodd
rhwng ein dagrau
pan gladdwyd Cathryn.

Gwn nawr
mai hebryngwyr oeddech
yn cydalaru,
yn deall y diddeall,
yn gwybod fod pen draw
i'n dagrau hefyd,
a bod rhaid dechrau dathlu
rywle ar hyd y daith.

Deallaf nawr
wrth i ni gwrdd
beunydd
pan gerddaf â'r ci,
â chithau'n
cynebryngu
yn y coed,
taw amsugno
ein galar
yn eich plu
a wnaethoch,
fel nad anghofiwn,
fel y gallwn ddal i gerdded
o ddydd i ddydd a chithau'n ddu
gan barch i bawb aeth heibio.

*

Ym mynwent Llanfabon
(angladd Cathryn Anne Rees, 12.3.1979–19.9.2014)

Dydd du yw diwedd y daith
fel arfer, ond doedd dim byd arferol
amdanat ti.

Felly yn ein coch a'n horen
a'n melfared porffor gorau, yn fachlud,
fe gyrhaeddon ni'r fynwent.

I gyfeiliant y gargoils o frain
o'n cwmpas, y rhai a ddaeth yn eu du, o raid,
am iddyn nhw aberthu eu gwynfyd i gymryd ein galar
a'i gario'n gof, y brain a ddaeth i dalu'r
deyrnged olaf a'u crawcian yn rhwygo'r diwrnod
anarferol o oer ym mis Medi,
aethom yn osgordd o'th atgofion
â diferion o edifeirwch yn halltu'r gruddiau;
yn ein blaenau heibio i'r cerrig beddau
lle buom yn chwilio am englynion gynt,
heibio i'r teuluoedd cyfan a ddaeth yn neb
dan gnoadau eiliadau o gynrhon.
Dal i gamu, fraich ym mraich,
faich ym maich a rhai'n mochel
rhag y dagrau, ymlaen, heibio i garreg fedd
cymydog Mam-gu, heibio i'r enwau cyfarwydd
hynny sy'n gwneud pentre'n bentre i bawb,
heibio i'r crud o garreg fedd fechan
lle mae'r diffyg crio yn cadw rhieni'n effro
yn nwfn y nos.

Mae bron i bedair blynedd wedi treiglo
ers y diwrnod hwnnw, a chyn hir
bydd deugain mlynedd wedi mynd
a thithau'n neb wedi i'r eiliadau gynrhoni amdanat.

Ond dwi'n amau dy fod, y diwrnod hwnnw,
yn dawnsio'n droednoeth o'n cwmpas,
ac y byddi, mewn pedair canrif,
yn dal i gynnal y gân a'i dawns
gan wrthod ildio am eiliad i'r syniad
o orwedd mewn hedd.

Rwy'n amau hefyd y gwelodd y brain
olion dy draed lle buost yn byw
pob cam, pob troad o'th sawdl,
yn tywynnu yn un tango
wrth iti ddawnsio'n droednoeth
i gyfeiliant dy chwerthin.

A gwn, gwn yn iawn
dy fod ti gyda ni yng nghalon fy merch
am iddi hi dy hudo di yno'n glyd.

Ac fe wyddost nad yw marwolaeth
yn ddim mwy na chyfle gwell
i ddawnsio'n rhydd.

A phan fydd y dydd yn machludo
a'r brain yn clebar cyn clwydo,
yn si-hwi-hwio a siliwetio ar doeau
ein pentre ni, pan welaf yr awgrym lleiaf
o goch a phorffor ac oren yn aden
ambell frân, byddaf yn gwybod
nad dydd du yw diwedd y daith.

*

Seren wib

Daethon nhw i gyd gartre heno
ac roeddet ti yno yn eu plith;
roedd cymaint yn codi dwylo
a minnau'n gorwedd yn y gwlith,
yn pendilio rhwng de a chwith.

Pendronais a fydden i'n dy nabod
wrth ddilyn pob gwreichionyn mân,
y myrdd eneidiau yn y gawod,
a'r nen yn llyn a lynca'u tân
i ddim, fel saib ar ddiwedd cân.

Tybiais weld perthnasau eraill
heno'n tywynnu ar eu taith
ac o bosib ambell gyfaill
yn tanio o'u tawelwch maith
i barablu â'u golau yn iaith.

A llosgaist yn goelcerth am eiliad
drwy'r awyr â'r gawod yn grib
a'i hôl ar y nen fel ôl arad,
llosgaist dy olion yn seren wib,
gan nad oeddet ond seren wib.

13.8.15

*

Llwybrau

Mae llwybrau nas gwelwn
ar fap yn unman,
yn cael eu creu'n
feunyddiol, feunosol
drwy'r holl fydysawd,
o olion adain pilipala
a fu'n tasgu'n artistwaith
uwch y ddôl
ar brynhawn tesog,
i olion gwybed
a fu'n hofran yn wasgod
wedi i fysedd yr haul
nodwyddo'r edau
drwy'r coed.

Nid yw ein gwaddol
yn llai na sgil rhewllyd
comed sy'n gyrru'n
ddiddiwedd yn ei flaen,
ac os edrychwn tu hwnt
i weld ein rhigolau beunyddiol,
fe welwn eu holion nhw,
y rhai a adawodd gorff
ar eu holau, wedi blino gorfod
ei lusgo o ddydd i ddydd
dros y ddaear hon.

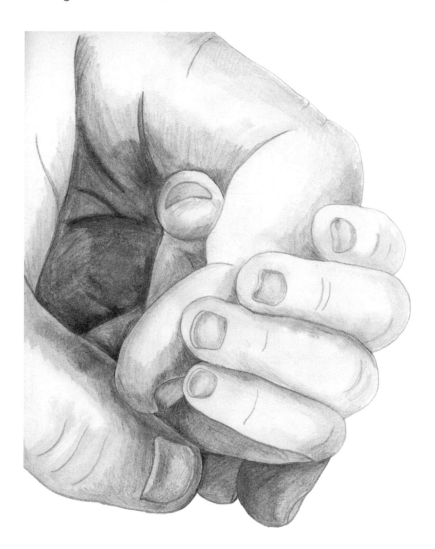

Cynaeafu

(Awst 2016, gan groesawu Erwan Teifi Karadog a'r Gadair
a noddwyd gan deulu Dic yr Hendre, i'r tŷ)

Mae Awst yma i estyn ei law hael
    â'i wên mor hirfelyn;
  cynhaeaf diwarafun
  sydd i'w gael drwy'i fysedd gwyn.

Llafargan ANEIRIN KARADOG

Tystio i Artistwaith

Ein harwr

(cyfarchiad cadeiriol i'r Prifardd Osian Rhys Jones o lwyfan y Brifwyl)

Treiglodd canrif ers i'n Prifwyl wylo
    gydag Ellis annwyl
  yn rhacsad y gad, a'n gŵyl
  a'i hosgordd yn ei ddisgwyl.

Yng ngwledd ein gorfoleddu y mae cof
    am eu cad hyll, bygddu;
  yn Hedd Wyn, yn Gadair Ddu
  gŵyl oeraidd fu'n galaru.

Ein gwlad dan gadoediad ydwyt a haf
    llawn o gofio ydwyt;
  nid ar gadair wag ydwyt,
  Osian Rhys ein harwr wyt.

8.8.17

Catrinifficeshyn

(i'r Prifardd Catrin Dafydd)

Dylyfa'r wawr ei gên
dros y ddinas,
cysgodion yn cilio
'nôl i'w cilfachau,
llygaid tai yn agor
yn ffenestri gloyw
tra bod sgyrsiau'r traffig
yn llenwi'r lonydd.

Ac fel dinas
yn dihuno'n raddol
y daeth dy iaith
dithau i droedio'r palmentydd.
Cododd o gerrig beddau'r
mynwentydd, rhamantu'n
enwau caeau'r cof,
ac o ymylon y dafarn
englyna tuag ambell
dalwrn rhwng beirdd bît y byd
a'r Meuryn mawr.

Canwyd hithau'n seiliau
is welydd, a gwelir
ei gorwelion trwy ffenestri'r
geiriau bach sy'n agor byd
yn Hamadryad.

Ac er y daw'n awr
i'r wawr ei hun yn ei henaint
gilio'n fachlud, gwelwn wychliw
holl ieithoedd Grangetown
yn rhannu'r awyr,
yn canu Caerdydd
newydd mewn i neon
y nos.

Yno'n eu harddwch mae dy gerddi
ac mae eu holion yn gymylau
sy'n aros swyn y wawr.

Llinell bell ...*

(i longyfarch Iestyn Tyne ar ei gamp yn cipio Coron yr Urdd,
Sir y Fflint 2016. Gall Iestyn hefyd hawlio'r fraint brin
o fod wedi cael ei eni ar Ynys Enlli.)

Ym Mhen Llŷn mae ein llenor
yn gweld mwy na gwlad a môr,
mwy na thon sy'n mynnu'i thir,
mwy na sgil grym nas gwelir
yn hawlio'r holl orwelion,
yn naddu'r holl ddaear hon.

Ym Mhen Llŷn Iestyn, astud
yw'r bardd a throadau'r byd
yn y mêr fel rhu moroedd.
A gŵyr e taw dagrau oedd
halen ton a'i glaniad hi
yn unllais ar lan Enlli.

Ym Mhen Llŷn mae un, mi wn,
un herfeiddiol, rhyfeddwn
y gall droi'r don fu'n cronni;
nid twyll yw, gall atal lli
â llên sy'n troi'n holl lanw,
a'n trai ni sy'n eu troi nhw.

* *Llinell Bell* oedd ffugenw Iestyn yn y gystadleuaeth

Cwm cnoi*

(i longyfarch Gwynfor Dafydd ar ei gamp yn cipio
Cadair Eisteddfod yr Urdd, Sir y Fflint 2016)

Daw eu geiriau nhw i'n dal ni lawr
fel gwead gwyrddni dros dipiau glo,
derbyniwn ninnau eu geiriau fel gwawr
bwdlyd sy'n mynnu ein dihuno, dro ar ôl tro:

y geiriau drwy'r sgrin gan bobol o bant
sy'n ein hatgoffa ni o sut mae'r byd
rhwng muriau'r carchar lle mae ein plant
yn esgus taw cymoedd yw'r muriau o hyd.

A lle gwelan nhw fam sengl, ifanc, gwm cnoi
a nodwyddau ar bob palmant yn frith,
fe wyddost ti fod mwy na mwg yn toi
y sgyrsiau stepen drws, a bod y sgrin yn rhith

sy'n pylu'n ddim pan geni di dy gerdd
i fodolaeth a'i geiriau'n hedfan yn rhydd
ar hyd ein cymoedd a phob llethr werdd
yn eco dy eiriau, yn rhoi pwrpas i'r dydd ...

* *Cwm Cnoi* oedd ffugenw Gwynfor yn y gystadleuaeth

Graffiti

(Ar ymwellad â Jean yr Hendre, a'r ffarm ar fin cael ei gwerthu,
sylwais fod englynion Dic Jones i'r tipis, a baentiwyd ar y
sied gan Brychan, yn diflannu o dan brysgwydd.)

Dan iorwg, dyna ei eiriau'n cilio
fel y Cilie'n greiriau
llwyd o aelwyd ddiolau.

Ac os mudan yw peirianwaith y fferm,
gwnawn ffair o bob campwaith
a chanu yn Frychanwaith

ar waliau ein gorwelion, bob un gair,
eu byw'n gwlt ag olion
Banksy'n ei gerddi gwyrddion

a phaentio englyn mewn ffont onglog, *street*,
hyd nes troi'n llafarog
y parch hwn i'r perchennog.

Dan iorwg, dihuna'i eiriau'n rhodres,
yn ffrwydrad o liwiau;
lliwio â *spray* i'r llais barhau.

Digwyddiad 05 gan Richard Lloyd Lewis

Pwy yw'r Bod mawr?

(ymateb i'r darlun 'Digwyddiad 05' gan Richard Lloyd Lewis)

Dyma lucheden wen a wahanwyd,
un llucheden o goeden a gydiwyd
ynddi, a'i chael gan ddüwch a huliwyd
gan un Bod mawr.

Mynd ar ras yng ngwynias y canghennau
wna trydan y creu trwy dân careiau,
uwch y galar o ddüwch â golau
fel gwreichion gwawr.

Dau yn wylo yn eu du, anwyliaid
astud yw'r rhain, sydd fel stad yr enaid,
yn eu gaeaflun yn stond heb goflaid,
heb nef na llawr.

Dau wedi eu cloi yn eu du, clywant
wylo y naill a'r llall a deallant
mai heb eu dail yma y bodolant
am byth yn awr.

Wrth gamu 'nôl, rhith o gwmni 'welir
yn y ddwy lucheden wen a unir
ar orsedd o alar, sylweddolir
pwy yw'r Bod mawr ...

Hunan ddwbl gan Tom Pitt

Diawlio deuoliaeth

(ymateb i'r darlun 'Hunan ddwbl' gan Tom Pitt)

Hyd ei aeliau, deuoliaeth
'ranna'r gŵr yn ŵr rhy gaeth.
Rhannodd ei wedd, a'r un dda
rannodd wedd â'r un ddidda.

Gwadwr o gachgi ydyw
a sant pechadurus yw.
Mynwesol gymwynaswr
a'r llall yw'r ellyll o ŵr.

Dwy ael tan lygaid o olau
a dwy ael uwch düwch dau
lygad a wêl euogwaith
a'i ddagrau'i hun a rydd graith
lawr ei foch, try'r heliwr 'fu'n
ddiferion o ddifaru.
Ar lawr oer, yr heliwr aeth
yn glaf, fel ei ysglyfaeth.

Ceidwad sy'n gwarchod bradwr,
diffygiol, hunanol ŵr.
Yr angel llawn o ellyll
yn ei chwardd sy'n hardd o hyll.

Canfod llanc mewn difancoll,
rhannu'r gŵr yn ŵr ar goll.
Rhannodd ei wedd a'r rhain 'ddaeth
i'w ddiawlio yn ddeuoliaeth.

Ynys ag aeliau (Echni) gan Tom Pitt

Ynys ag aeliau

(ymateb i'r darlun 'Ynys ag aeliau (Echni)' gan Tom Pitt)

... A thawelodd Matholwch
wrth weld y rhith hwn
yn nesáu; aeliau yn hwylio
ar ryw ynys o fryniau,
a'r hen fôr yn ferw
gwyllt ac elltydd
yn dal i ddod. A wêl e ddyn?
Neu a wêl lynnoedd dan goedwigoedd
yn fygythiad agos?
Ni all ddeall yr hyn a ddaw.

Un graig a rwyga'r
lli a'i donnau a deall dyn,
rhwygo ei olwg. Ei reg a welir.
Dall yw i dir dealltwriaeth
wrth i'r ynys hon, ar ruthr, nesáu
o hyd tuag ato. Ac atal
grym y graig,
a'i synau'n ymosod, sy'n amhosib.

Ac nid yw'n graig! Ond un gŵr yw hwn
a'i fyddin ar ei feddwl,
gwŷr ar ei gorun
yn rhengoedd sy'n bloeddio
rhyfelgan Bendigeidfran gawr.

'Ei thylwyth!' bytheiria Matholwch ...

Ymhell o adref gan Gordon Dalton

Ymhell bell yn y byd

(ymateb i'r darlun 'Ymhell o adref' gan Gordon Dalton)

Bu'r lôn yn hir,
yn torri'r tir
tan lafn olwynion,
ac yn y llwch
sy'n dal yn drwch
mae gwên cyfeillion.

Yn nrych y llyn
mae cwmwl gwyn
o ddagrau hiraeth,
ond mae rhai coed
sy'n cadw'r oed
fel coed fy Ngwendraeth.

Byw'n rhydd mewn cell
yw byw yn bell
a gartre'n gyffion,
ond dilyn taith
yr ymyl maith
wna carcharorion.

Mae hefyd waeth
na bod yn gaeth
i gadwyn gwreiddiau,
sef teithio'r byd
yn ddall o glyd
heb ei weld trwy ddagrau.

Fe ddaw 'na ddydd
caf dorri'n rhydd
rhag glesni estron,
ac ar lôn hir
daw darn o dir,
darn bach o dir,
'nôl yn fy nghalon.

Llosgi dan reolaeth gan Tania Coates

Y tir llosg

(ymateb i'r ffotograff 'Llosgi dan reolaeth'
gan Tania Coates ac yn sgil Brexit)

Llosgwyd y tir sydd rhyngom,
daw'n anodd gweld un weddi goll
a'n geiriau'n drwch o grinder oes,
a gwn y mynni di droi
   at y man gwyn, man draw
gan addo y gall weithio i ni oll ...

Ond ein tir ni oedd hwn
ac fe'i llosgwyd yn nwyd y niweidio.

Llosgwyd y tir sydd rhyngom
a than boer ei thân aeth hen berthynas
i'r gwellt, fflemio gwyllt ei fflamau
yn llyncu holl wanc
bygythiadau y geiriau gwag.

Ond nid tân
afreolus diddofi a'i orwelion
yn danllyd ei hunllef
oedd hwn,
ond un tân twt
i ddifa'r annioddefol,
i ffoi ar hap heb ddweud ffarwél
gan wybod yn iawn
   mai gwyn yw byd un o hyd
wedi i'r llall ildio'r lle,
i fileinder a'i flaendwf
o lefnyn newydd
gael tyfu rhyw ddydd
pan ddaw ...

Danddaear gan Simon Fenoulhet

Tyrchu

(ymateb i'r darlun 'Danddaear' gan Simon Fenoulhet)

Aethpwyd â chwilfrydedd yn llawer rhy bell
Tyrchu i geisio dianc tua chrombil daear
Dianc rhag haul sydd ar herw o hyd
Ceibio'r graig trwy un gusan hir
Ceisio canfod ar dafod daear
Aur sy'n celu yn ei cheg
Dangos i graig swrth
Styfnig o ruddlas
Mai'r meistr
Yw'r Pen
Draw.

Arddelwau gan Bryony Dalefield

Ysbrydion
(ymateb i'r printwaith 'Arddelwau' gan Bryony Dalefield)

Y mae ôl trwm i'w weled,
er, o'i herio i'w waered,
di-ôl yw ei hyd a'i led.

Traw o fraw o brofi'r ias
fu darganfod ar gynfas,
yn swil a phŵl, fesul ffas

fod dau fod a'u difodiant
o fynd i'w bedd, heb fynd bant!
Yn ias hufen fe safant.

Yn rhedynog, ceir dynes
o frwyn, hon sy'n frenhines;
trem o lun fel patrwm les.

Ai hen frenin? Yn frwynog
rheffir dyn, corff rhedynog,
i glwydo'n glyd yn ei glog.

Pwy ydym wedi'r peidio
â bod? Cans dim ond bodio
a wnawn fyth, drwy ei nef O

ar hewlydd o orwelion,
yn byw'n si, lle bo 'na sôn
min nos, mewn hanesion

amdanom, a daw enw
drwy'r mur o dir y meirw:
byw'n wên eu hwynebau nhw.

Di-ôl oedd ei hyd a'i led,
ond o herio hyd waered,
y mae ôl trwm i'w weled.

Tudalennau 102–105 gan Beth Elen Roberts

Yn ôl i laethdy

(ymateb i ailgread o offer llaethdy teulu Beth Elen Roberts ym Môn,
'Tudalennau 102–105')

Naddwyd mewn i'w llonyddwch holl hanes
      un llinach a'i dycnwch,
    a thrwy'r llaw, 'rôl chwythu'r llwch,
    adferwyd y difyrrwch.

Darnau llyfn, drwy drin â llaw, a grëwyd
      i ail-greu, yn ddistaw,
    bennod o'r oes sy'n ben draw
    i'r min dolur mewn dwylaw.

Drwy'r co', fel gordd yn corddi, y mae sŵn
      yma sydd yn troelli;
    mae hiraeth am laeth a'i li,
    mae hiraeth mewn mieri.

Yn oriel y tawelwch, lluosi
      wna'r lleisiau; daw elwch
    cyndeidiau'r oesau yn drwch,
    diferu wna'u difyrrwch.

'Nôl ym Môn, ailymuno â hanes,
      hanes wedi'i gerfio,
    a wnawn ninnau, awn yno
    drwy'r celf tuag adre'r co'.

Dirywiad a dadfeiliad gan Gwenllian Llwyd

Dirywiad a dadfeiliad a folant ...

(ymateb i'r ffilm 'Dirywiad a dadfeiliad' gan Gwenllian Llwyd)

Hen fwlyn drws sydd tan flinder oesau'n
musgrellu o oeri fel y lloriau
dihenydd, cans y welydd rhwng Suliau
ni chlywant gyfeiliant yn llif o olau;
mae hiraeth rhwng y muriau a hiraeth
nawr heb aelodaeth, mor grin yw'r blodau.

Bellach mae'r capel ar ei dawela'.
Â rhif yr emyn yn araf o 'ma,
diengyd i wynfyd wnaeth y gymanfa.
Heb lein o'r rhelyw mae'r blaenor ola'n
hwyrni 'i weddi tra heneiddia yntau
yn oer ar feinciau, fe yw'r ifanca'.

'Tydi a welaist y Duw a'i alwad
a'r rhain a adewaist o gael gwrandawiad
ganddo Ef a'i nef, fel dy hynafiad.
Aethost a hunaist a thewaist enwad ...'
Mewn bedd yn gorwedd, geiriad pregethwr
o fawl i henwr yw ein diflaniad.

Lle aeth un arall a'i thŷ yn oerach,
daw ein bro a'i henoed un yn brinnach
a thrwy'r cof i'w wyll, llithra cyfeillach
heb un a'i diléit a'r byw yn dlotach.
Un wên yn llai, unwn yn llach dagrau;
sylwn ninnau'n bod ni Sul yn henach.

Ym mhaderau'r llys, mud ydy'r lleisiau
o fferru'n rheng. Offeren yr angau
a'i chaniedydd llawn o ebychnodau,
o'i gilagor, sy'n ddim ond penglogau.
Â'r oes hon yn rhes o enwau, moment
o wynt mewn mynwent mwy yw'n hemynau ...

Er gwaeth,
er gwell,
daw cymhelliad ...

Ysgwrn ein cynhysgaeth

Yn Ysgwrn ein cynhysgaeth,
yn niwloedd yr oesoedd, aeth
yr holl huno'n ril lluniau,
ffin a'i llinell hi'n pellhau.
O'r golwg ciliai'r gelyn,
mynd o gof mewn du a gwyn.
Teneuo, breuo bu'r ril,
llun fu'n anweddu'n eiddil
a welid; aeth dan bylu,
aeth sgriniau'n meddyliau'n ddu
hyd nes daeth gwg y bwgan,
uwch oes, yn ddim mwy na chân.
Aeth yn haniaeth a fu'n hel,
rywfodd, am wastraff rhyfel.

Anwylir tyddyn Ellis
gan flaidd twristaidd ar ris
a fu yn droedle i'w fyd,
i fobio bro ei febyd.
Bugail a blaidd a bwgan
heddiw ŷnt sy'n ddiwahân.
Di-hid o aelwyd ydyw,
diaelwyd o aelwyd yw.
Dirywiodd ias Cadair Ddu,
diaelwyd yw ei deulu.
Â'r drôn o wingo'n angof
tra clicia camera er cof.
Ein sgrin, er sgwario'r ennyd,
mae modd o ddiffodd o hyd.

Yn nhir neb, na ŵyr un iaith,
yn ddiddiffodd o ddiffaith,
mae cof sydd yn amau cad;
rhywfodd, mae'n amau'r profiad.
Amau y dafnau dyfnaf,
amau a oes yma haf
o gwbwl dan gwmwl gwaed,
amau angau ieuengwaed.
Â chad nad yw'n fwy na chân,
mae'r cof yn amau'r cyfan.
Gelyn rhy hen 'gilia'n rhith
a'r rheswm nid arhosith.
Daw'r ymladd a'r lladd yn llaid,
yn weithred gan ddieithriaid.

Uwch chwiban sarjants Annwn,
uwch pob gwaedd a gwich pob gwn
a sudd cad ffosydd cadarn,
rhoddwch gân beirdd uwch gwn barn:
erfyn Hedd Wyn heddiw yw
gair o hyd, ein gwir ydyw.
Saif ar faes â'i fraw o fwg,
glania'r gelyn o'r golwg.
Popeth cêl, fe wêl Ellis.
Clyw yr hyn nas clywir is
pob clywed; y bwledi
draw'n wynt uwch ein daear ni
ac eco cwyn y gwcw
ym mur niwl eu meirw nhw.

Yng ngwanwyn angau'i hunan
adar cad sy'n trydar cân
wrth i angau flodeuo,
a thry'r haul drosodd a thro'n
bêl waedrudd o belydrau;
gaeaf yw'r haf sy'n parhau.
Nid yw hydref yn efydd,
gwanwyno sy'n duo dydd.

Rheng dyn a'i gweryl rhwng dau
amharodd ar dymhorau.
Cân sy'n gwichian yn gochwawr
yw'r brwydro, bomio, bob awr;
ffrwd drydar o ffrwydradau,
gwenyn a'u si'n gwg-nesáu ...

Rhwng Verdun a Thrawsfynydd,
iâr fach yr haf a'i chwa rydd
a wisg ŵn moethus gwanwyn
a'i thad o haul eith a'i dwyn
i fyny ar y fawnog,
ar gae hardd o glychau'r gog.
Breuder tyner ei hynt hi
a'r oesoedd sydd yn croesi.
Synhwyra sŵn yr oes a aeth,
sŵn bomio'n sŵn byw amaeth.
Blast. Bois ar hast dros rostir,
ar y gwynt yn rhegi hir.
Gynnau mawr mewn geni mwyn;
dan yr haul, dyna'r olwyn.

Tra byddin dros ei riniog:
dewis clyw fel diosg clog,
deffro hanes hyd ffroenau,
gwaedu cad heb lygaid cau
a theimlo'r ias o flasu'r
ergyd ar fywyd a fu,
yw'r llw i'w gadw ar goedd,
ymwelwyr, yn eich miloedd.
Rhaid ei gadw, llw yw'r lle,
rhag i oglau, o'r gwagle,
ffoi i ddim fel ffydd a iaith,
fel hen gân 'ddiflan ganwaith.
Cof byw, nid cofeb a aeth
yn Ysgwrn, yw'n cynhysgaeth.

Trwch

Dwndwᵣ sgwd o nodau'r sgôr yn disgyn.
    Ond ysgafn oedd *intro*'r
  eira cynta. Y cantor
  fu'n mynnu canu'r *encore* ...

Cwm Tawe a Chwm Gwendraeth

Dadmer fesul diferyn wna rhewlif
    dan orwelion terfyn
  y daith. Mae fy iaith fy hun
  yn Niagra fy neigryn.

Gŵyl y Cynhaeaf, Aberteifi

Ein haf a gynaeafwn; ein gwenith
    yn gân a wiwerwn;
  fwdwl ar fwdwl fe wn
  taw hiraeth a bentyrrwn.

Fighter jets uwch Cwm Gwendraeth

Ro'n i'n trio gweithio cwpled
ac yn cerdded â'r ci
pan ddaethant yn gri
gan rwygo'r awyr,
yn rhwyg hir
ar ôl rhwyg hir
dros y cwm.

Awyren ar ôl awyren
ar ôl awyren
fyddarol.

Roedd tair o'r rhain
yn hyrddio'u twrw hyll
tan gymylau Mai
uwch ysgol fy merch,
uwch ein cartref Celtaidd.

Rhyfelwyr y Fali
yng nghocpit ei Mawrhydi
yn honni eu bod yn ein cadw ninnau
yn saff, a'u sŵn fel mil o seirff
yn hisian yn oesoesol.

O draw eu dur llwyd
deuai'r adar a'u llid
ar ras gandryll
dros y Gwendraeth
a'r adar mân, di-ri a minnau
yn syfrdan o dan
eu hadenydd dienaid.

Ond dyna ni,
mi ŵyr y cof
nad yw muriau'r cwm
yn amddiffynfa bellach
rhag awyrennau a'u braenar,
nac yn garchar er gwell;
ac mae'r mewn a'r mas
a'r mas a'r mewn
yn sŵn mor ewn sy'n merwino'r
glust
pan af yn feunyddiol
i'r ysgol i ddisgwyl
y gloch,
a'r iaith fain mor groch
yng nghegau rhai.

A gwn
drwy'r adegau hynny,
gwn y croesaw-wn yn siŵr
jarj pellennig y jets
o ddur i'm byddaru,
a'r gŵyn ddieiriau'n
lleddfu'r gynddaredd
hyd nes i bawb ymlwybro am adre
fel pob diwrnod arall.

Ambell gannwyll

Wrth droedio ar hyd strydoedd
ein pentre cysglyd ni
a neb ond fi a'r ci ac ambell frân
yn pasio tai sy'n dylyfu gên,
gwelaf ambell gannwyll ynghyn
drwy'r llenni, rhwng fflachiadau'r
teledu sy'n poeri ei adloniant
o dŷ i dŷ lle mae cysgodion yn ymgynnull.

Ac nid ar gorffyn S4C mae'r meirw byw yn bwydo
yn ein pentref bach cysglyd ni ...

Fe wn nad yw'r byd
yn malio, becso na hito
dim am filltir sgwâr a'i thafotieth,
nac yn becso dam
ein bod yn teimlo i'r byw
pan fo dafnau olaf yr haf
yn llithro rhwng ein bysedd.

Rhua tractor heibio
a llanc â ffôn wrth ei glust
ag un llaw ar y llyw yn rhuthro 'nôl
i ryw ffatri wledig.

Ac fe wn wrth edrych tua'r nen
nad yw Google nac Apple
nac Amazon yn gweld mwy
na llefydd i ollwng parseli,
neu ffynhonnau i sugno
diferion o geiniogau ohonynt,
yn fan hyn.

Ac o darmac cynnes ein Google Earth
gwn fod 'na rai yn ein pentre ni
nad ydynt yn becso chwaith
am y pethau bychain.

Down at y sticyll olaf, rhwng
y goedwig a'r stryd lle llarpiwyd
yr ymylon gan ddrynad a mieri,
a dilynwn y lôn am adre ar hyd
y ceblau fry sy'n cario trydan
o dŷ i dŷ, ac ni allaf ond gofyn
faint o drydan y Gymraeg
sy'n pweru tai cysglyd
ein pentref bach ni heno?

Magnolia dan eira

Roedd tarmac y ddinas yn tarthu
ar y diwrnod rhyfedd hwnnw,
fel pe bai cadernid ei hewlydd
yn ildio i anal cyntaf Abertawe.
Wrth i fi adael am y dydd
roedd ein magnolia yn ei flodau
dan ddagrau o eira.

Es ymlaen â fy niwrnod:
eistedd lawr i sefyll arholiad.

Ro'n i yno yn ninas dysg
ar dy hen faes chwarae, Dylan,
yn sefyll arholiad mewn iaith
na chest ti'r fraint
o'i nabod i'r eithaf
fel yr ydwyf i.

Estron oedd dy eithafion di
wrth iti wylio Efrog Newydd yn anadlu.

Ni welais erioed darmac
yn darth ar hyd dinas
o'r blaen
fel y'i gwelais
ar y diwrnod rhyfedd hwnnw.

Tarmac yn tarthu
oedd dy ddawn dithau hefyd, Dylan:
un anadl
hir
a grym yn blodeuo o grombil daear
moderniaeth

yn rhyfeddod i'w wylio,
yn rhyfeddod na allai bara am byth,
yn rhyfeddod na welwn wedi hynny ...

Ond tarmac yn tarthu
oedd y Gymraeg i tithau hefyd:
awelon yn codi o dy gwmpas
ym mhob rhan o dy ddinas,
heb fodd iti afael ynddynt.

Daeth diwedd yr arholiad
â'i orwelion yn heulog.
Tybiais imi wneud yn dda.
Ffoniais adre
a chynllunio swper.

Ond ni sylwais
hyd nes i mi led-edrych
trwy ffenest y gegin
wrth baratoi'r swper
saff,
fod petalau yr unig
flodyn
ar ein magnolia'n
gwywo.

Ai oherwydd sioc
yr oerfel yn Ebrill?
Ynteu ai mewn galar
o weld fod ein gwanwyn
dan eira?

28.4.16

Offer

Arferai yr arad siarad â'r tir
a'r tir a ddychwelai'r ateb bob tro,
a'r chwys ar ruddiau lle bu'r dyddiau'n hir
fu'n aredig ei fin crinedig o –
y ffarmwr a ryfeddai ar wyrth y pridd
bob cynhaeaf wrth iddo raffu'n dynn
eiriau y ddaear o'r rhychau'n y ffridd
cyn rhannu gair â'i wraig am drechu'r chwyn.
Ond un gwanwyn du ni chododd ei wawr,
ni hidiodd am heuliau hwyr yr haf
a mudan fu'r arad yn rhydu ar lawr,
ni roddai'r machlud ei sgwrs wresog, braf.
Diffrwyth yw'r caeau heb ei chwerthin mawr
ers iddi hi beidio â chodi â'r wawr.

Gwylan ar goll

Fe ailhadwyd y cae ryw fis ynghynt,
y cae sy'n batshyn ar lechweddau'r cwm,
bu oglau dinistr ar adain y gwynt
a choed yn dymchwel tan dractorau trwm
wrth i fi gerdded, wrth gerdded â'r ci,
sylwais fod yn y cae wylan ar goll
mewn sgwrs gyda chlomen a deryn du
am chwerw-felystra'r gwaith a'i doll.
I'r cae daeth hebog a'i adain yn ffrae
gan darfu ar fwynhad yr adar hyn,
tan ei grafanc trodd y glomen yn brae
a'r wylan a'r deryn du'n gwylio'n syn.
Es ymlaen gan feddwl i mi fy hun
am y drwg fan hyn a heuwyd gan ddyn.

Robin Goch arbennig iawn

Nid yw her byd D.I.Y.
macho'n fy nhanio innau,
er i deid o offer da
laweroedd ddod gan Laura.
Nid D.I.Y. yw 'myd i,
nid teirawr wrthi'n torri
coed yn gelfigyn cadarn
na weldio oes, fesul darn
sbâr, yw fy syniad o sbort.
Fy nghywydd yw fy nghohort.
Ond wyf ŵr da, wyf wawr dydd,
yn grafog o ŵr ufudd
i sandio'r es a sŵn dril
a ganai alaw gynnil.
Mi a harthiais â morthwyl,
tolciais a honnais gael hwyl
ond buan fu'r cyfannu
â tholc ar ôl tolc trwy'r tŷ'n
gyrru'r wraig i hir regi
yn hwyr y nos arna' i.
Es i i fyfyrio fel sant
a'r sgriws a segurasant.
Ni welwyd fyth ap Gwilym
a rhai hardd yn moli'i rym
o'i weled yn morthwylio'n
soled rhyw glicied neu glo.
Iolo Goch, ni logai e
beiriant i gloddio'r bore.
Nid driliwr Tudur Aled;
Waldo, siŵr, ni weldia'i sied!
Ni welir Tudur Dylan
yn sandio cyn gweithio'i gân
na Hopwood yn troi'r sgrêpar
yn 'llais bardd' drwy'r stafell sbâr.

Yn Sir Gâr y saer geiriau,
yn y dweud mae'r D.I.Y.
Ond daeth o'r ardd un bardd bach
â mysyls cryn rymusach
na finnau, Mair o fenyw,
ym mhlu y fam. Am le i fyw
a rhoi'i hud, chwilio'r ydoedd;
Robin Goch arbennig oedd.
Daeth, dan fy nhrwyn, o'r llwyni
i osod nyth yn ein sied ni
yn bensaer craff, dibensil,
a droes, rhwng sandar a dril,
nythfa'n drigfan gerigfawr;
Sagrada Familia mawr!
Creu Taj Mahal o balas
drwy gelu hardd dyrau glas,
mapio â'i dawn Bompidou,
heb wariant, i gael bwrw
rhwng muriau, ei hwyau hi
i gynnal gwyrth y geni.
Ni sylwem ar ei seilwaith,
yn nhraw'r gân âi 'mlaen â'r gwaith
o ddydd i ddydd; cododd hi
orseddwaith o Gaer Siddi.
Yn y sied, rhyw fis wedyn,
yn sŵn dewr i synnu dyn,
clywsom drydar adar iach
a'r rhain yn hy o groeniach!
Yn llawn twît-twît rhwng ein twls;
yn gordiau rhwng segurdwls.
Canaf fawl i'r ceinaf un,
y dewraf o bob deryn,
a chywydd rof i'w chywion
yn welydd saff, gwledd o sôn
yn llawn o'i dawn D.I.Y.,
y ddawn a'm swynodd innau.

Y gwcw a'r titŵod

Roedd ffrydiau trydar a chlochdar y radio
yn gôr y wig o ymfalchïo
fod y gwcw wedi cyrraedd, ond sadio
wnes innau er trio a thrio
yn ofer ei chlywed ym Mhontyberem.
Hedfanodd Mai, glaniodd Mehefin
di-gwcw yn ei sgil, a lle'r arferem
ei chlywed, dierth oedd cynefin.

Fel cwcw es, â Mehefin ar dân,
i Lydaw i drigo mewn nyth dros dro
a chlywais â'r bore cynta'r hen gân
a'r nodau yn wyau yn nyth y co'.

Ond daeth y pnawn yn gyrff pedwar titw,
llwydodd melynlas pob corffyn pitw.

Kerlouan, Llydaw,
9.6.16

Adfer

(cerdd gomisiwn i'r RSPB, yn ymateb i'r adroddiad
'Cyflwr Byd Natur Cymru')

Claf mewn rhyw aeaf parhaol
yw pilipala ein *nostalgia*, mae'n dynn
mewn gwe goncrit; rhwymyn gwae.
Clywir cadno truenus yn cardota
trwy finiau yn ddigartref heno.
Ond yn ei ôl daeth barcud,
anelwn tua'r
entrychion, tir
uchel gorwel
ein geiriau,
hedfan fry
o dyfu'n frau
yn dwf yr haf,
yn adfer o hyd
i fyw'r wên.

Cynnig bara

(ar lan Llyn y Fan Fach)

'Cymer flas. Mae wedi ei grasu
yn dyner fel dy wên.'
Â'i hyder yn fawr mewn darn o fara,
ni ddisgwyliodd ei 'na'.
Crystyn oer, cras yw ei dynerwch.

Yna rhoes iddi does da
wedi ei dylino o'i gariad a'i lawenydd.
Ond torrwyd y swyn pan drodd ei thrwyn
a throi am y dŵr.
Plymio dwfn.
Dim byd.

Daeth 'nôl wedi bendithio'n hir
un dafell, un dafell a grym dwyfol
yr oesoedd wedi ei chrasu.
'Chwysais. Ymlafniais. Tostiais i ti.'

Gwenodd. Fe'i bwytaodd
cyn tewi ...

Wrth fedd Guto Nyth Brân

Mae'n rhyfedd meddwl
dy fod yn dy fedd
â'th chwedl yn dal
i wibio dros gaeau,
dy fod ti'n huno
yma mewn hedd
a'th anal yn drwm
drwy garlam storïau
gan blant bach ysgol
sy'n gwybod fod arch
yn nwfn y pridd
ger eglwys Llanwynno;
nid anodd credu
y trechaist ti farch,
trwy bob un gair
mae pob plentyn yno;
ond anodd credu
wrth sefyll fan hyn,
y syrthiodd y gwynt
a pheidio â chwythu,
ac wrth daro'r llawr
yn gelain o wyn
y trodd y gwynt
yn gorffyn i'w gladdu.

Aber-fan a Phontyberem

(claddwyd Dyfrig Hayes, 9 mlwydd oed, ym Mhontyberem)

Mewn cornel o'r Bont lle mae'r coed yn grwm
yng nghil llygaid ceir sy'n llifo drwy'r stryd,
fe gladdwyd un mab yn naear y cwm.

Aber-fan a'r Bont mewn galar ynghlwm,
dau le yn cwrdd fel dwy law'n dod ynghyd,
mewn cornel o'r Bont lle mae'r coed yn grwm.

Un wyneb mewn gwers a'r rhuthr fel drwm
a'i guriadau'n gadael rhieni'n fud,
fe gladdwyd un mab yn naear y cwm.

Mae'r dail yn disgyn fel punnoedd pob swm,
rhieini'n gwylio dros fedd fel dros grud
mewn cornel o'r Bont lle mae'r coed yn grwm.

Dau le fel dau riant a'u galar trwm
yn wynt sy'n chwibanu a chodi cryd
ers claddu un mab yn naear y cwm.

Rhesi beddau gwynion ar y llethr llwm
yn sibrwd hwiangerdd am warth i'r byd;
mewn cornel o'r Bont lle mae'r coed yn grwm
fe gladdwyd un mab yn naear y cwm.

16.10.16

Hedfan
(hanner canmlwyddiant Ysgol Gynradd Pontardawe)

Denu cywion aflonydd i ddysgu
  yn ddiesgyll beunydd;
 byw eu hiaith a wnânt tra bydd
 dawn i fagu adenydd.

Ysgol Bro Dinefwr
(i nodi'r agoriad)

Dewch yn farcutiaid uchel i esgyn
  yn eich dysg ar awel
 yr iaith, yn adar a wêl
 ragoriaeth ar y gorwel.

Seiliau
(adeilad newydd Ysgol Gynradd Pontyberem)

Nid adeilad o dawelwch yw'r gaer
  a gewch pan gyrhaeddwch,
 hyder iaith rhwng muriau'n drwch
 a seiliau oes a welwch.

Ym mabolgampau fy merch

Fe glyw y gwn,
fe'm clyw, mi wn,
drwy'r byd yn grwn
nid yw ond munud,
fe red, fe red,
mor llawn o gred
fel lemonêd
mor llawn o fywyd.

Ac yn y ras
mae'n magu blas
o deimlo ias
rhyw ryddid
na phrofodd hi
trwy 'mreichiau i
ar noson ddu
ddychrynllyd.

Mae'n mynd ei hun
gan dyfu'n hŷn
fel 'tae â chŷn
yn naddu'i llwybyr,
mae mor ddi-fraw
yn teithio draw
mor bell o'm llaw
wrth fynd ar grwydyr ...

Dim ffordd mas?

Mae ymylon y cwm fel muriau
er y cawn weithiau gip ar awyr las,
ond fel truan ym machau cyffuriau
fe welwn hefyd nad oes ffordd mas.

Dim ond hewlydd yn hen wythiennau
o bentre i bentre rhwng olion ffas,
dim ond hewlydd fel olion awyrennau
yn arwain i unman heb un ffordd mas.

Hyn, bellach yw ein byd yn y cymoedd:
llwythau yn arddel methiant ein tras,
yn derbyn taw plygu tan rymoedd
yw ein ffawd, heb un ffordd mas.

Hiraethwn am lygredd y pyllau
yn weithwyr a daflwyd ar das,
bellach nodwyddau a'u tyllau
mewn gwythïen yw'r unig ffordd mas.

Ym Mhonty hen wlad ein tadau,
drwy Seisnigrwydd y crawcian cras,
nid pawb sy'n deall fod hadau
wedi eu plannu, wrth geisio'r ffordd mas,

a bod egin yr holl hadau hynny,
er gwaetha'r pridd oedd mor fas,
yn blodeuo'n iaith sy'n tyfu am i fyny
yn lle ceisio'n ofer am ryw ffordd mas.

Gwlad y machlud glas*

'Slawer dydd pan fyddem yn edrych mas
fe arferem droi ar noson ddulas
tua'r lloer i ddychmygu sut deyrnas
y gallem ei chreu ar hyd ei chynfas,
am na wyddem am wlad y machlud glas.

O gyrraedd yno fe brofon ni ias
gweld ein daear yn hongian yn ei hurddas;
ond buan y trodd yr antur yn ddiflas
â dyn ar ei loer yn teimlo'n gaethwas,
gan grefu am wefr gwlad y machlud glas.

Tywynnai cochni un blaned a'i ffas
yn goch cariadus, yn goch perthynas.
A oedd hi'n gwrido 'nôl mewn embaras?
Neu'n goch gan waed brwydrau a galanas?
Daeth sws goch o wlad y machlud o las

yn ormod i'w gwrthod, un sws o flas
rhyddid wrth i ddyn edrych o'i gwmpas
a gweld llygredd yn llifo fel camlas
ar ei ddaear ryfelgar ac atgas.
Mor braf fyddai sws yn y machlud glas

* Mae'r machlud ar y blaned Mawrth, mae'n debyg, yn las.

â Chymru yn hawlio Mawrth Vallis* i'w thras
gael siarad Cymraeg a byw ei barddas,
â lleddwch rhwng pobol ym mhob dinas
a saif ar Fawrth yn dyrau goleulas,
fin nos, draw yng ngwlad y machlud o las.

Nawr gallaf glywed y roced ar ras,
a'i thân yn ei sgil yn obaith gwynias;
nid yw'n ddewiniaeth, nid yw'n wyddonias
amaethu'r hirlwm, troi Mawrth yn irlas
a chael oed â gwlad y machludo glas.

* Enwyd dyffryn ar y blaned yn Mawrth Vallis, gan roi darn
o'r Gymraeg ar y Blaned Goch.

Llythyr i Aung San Suu Kyi

Annwyl Daw Suu,

Gwelais y pethau mwyaf
erchyll dros yr wythnosau diwethaf,
a hyn yng nghyfnos yr amhosib, lle etholwyd
Donald Trump, o bawb, yn Arlywydd.
Clywais hefyd trwy fy machgendod
am Rwanda a Srebrenica, cyn mynd 'nôl mas
i chwarae rygbi gyda fy mrawd.

Ond gwelais bethau erchyll
dros yr wythnosau diwethaf.

Gwelais lun o filwr yn sefyll
ar gorff bachgen
sydd yr un oed â fy mab.
Clywais adroddiadau
am filwyr yn gang-dreisio
merched o'r un oed â fy merch.
Neiniau a theidiau
yn colli eu pennau,
yn llythrennol.

Tybiais mai colomen heddwch
oeddet, wedi dy ddal
yn greulon mewn rhyw gawell.

Ond o gael dy ryddhau
a lledu dy adain,
yr hyn a wêl y byd
wrth edrych fry
yw hebog â gwaed ar ei big.

Nawr, pan fydd fy mhlant yn gofyn:
'Beth yw Rohingya, Dadi?'
bydd yn rhaid i mi grybwyll
Rwanda, Srebrenica ac Auschwitz.

Na, nid wyt mewn lifrai milwrol
nac yn dal dryll yn dy law,
ond mae peidio dweud dim
yn dweud y cyfan.

Yn gywir,
rhyw fardd.

22.1.17

Ffos
(Catalunya)

Arweiniwyd ein rhieni i fan hyn,
    fan hyn â bwledi
  dierth yn eu distewi;
  seiniwn hawl ein pleidlais ni.

1.10.17

Arwisgiad Ail Bont Hafren

Wylit Hafren eleni ac wylit
    gywilydd dan gorddi.
  Ein Llyw, fe wylit un lli'n
  Irfon meirwon Cilmeri.

5.4.18

Bwli
(ymddiddan rhwng Donald J Trump a Robert S Mueller III)

'Â'r doleri doluriaf, hyn i mi
    yw fy mhŵer eithaf!'
  'Eto'n y cwrt, yno, caf,
  drwy'r dyrnau d'ofnau dyfnaf.'

Ar noswyl Nadolig

Drysau wedi eu cau drwy'r cwm.

Cwyd oerni ei ddyrnau
drwy'r aer gan daro'r wep
wrth imi grwydro am adre.

A gwelaf goeden dan seren
drwy ambell ffenest
a danteithion yn cronni
yng ngŵydd angylion; fy ngwadd yng ngolau
canhwyllau wna'r cynulliad
teuluol, cartrefol a'r trafod
bolgar a llon yn blaguro llond
stryd o wynebau a'i stori hi
yn fy llonni, tra af drwy'r oerni ar dramp
am adre, a medraf
deimlo'r cynhesrwydd fel uchelwydd
yn ein huno heno'n un, yn lle chwalu.

Ond dros y rhiniog, trwy'r drws, ai rhannu
cusanau casineb a wneir eleni?
A yw'r ŵyl hon yn celu fod y llety'n llawn?
A barselwyd braw a'i si o hiliaeth
yn anrhegion i'w rhoi a'u hagor
gyda gwên?

Ym mhen y daith, a minnau'n dod
yn frenin at fy nghartref a'i riniog,
holaf am eiliad
pa rodd wedi'i lapio a roddaf
dan y goeden i'w gwadu?

Clywir clep fy nrws innau
yn cau drwy'r cwm.

24.12.2016

Seren arbennig

Ni all Herod, ŵr lloerig, na'i filwyr,
    drwy fawl y Nadolig,
ddiffodd Seren arbennig
nad yw'n dial na dal dig.

Gweld Dwynwen dros y wal

Wedi Barack, codi briciau a wneir
    yn wal rhag i olau,
fel gwên Dwynwen, uno dau'n
galennig o galonnau.

2017

A ddaw'n Duw â blwyddyn dawel? Blwyddyn
    heb ladd na'r un rhyfel,
blwyddyn wâr heb flaidd yn hel
anwariaid ar y gorwel?

'Dim ond geiriau ...'

Roedd hi'n fore Mawrth
un mis Ebrill gwanwynol
(nid bod ots yn y byd am hynny)
pan ffoniais i gael ffôn newydd
a chlywed y llais mwya' swynol;
llais fel dail yn crynu,

llawn o swyn y gwynt
oedd llais Valerie
a'i hanadl yn cynhesu fy moch
o'r eiliad dechreuon ni siarad
(fel blasusfwyd llawn o galorïau),
llais a'i ôl fel arad

arnaf oedd ei llais.
Cofiais am fy nghytundeb
(a'i gyfalafiaeth yn fy nghlymu)
er i'w llais roi imi ryddid
ac fe gofiais drwy ein cymundeb
fod angen offrymu

fy ngheiniogau prin.
Ond bu cymaint o chwerthin
rhyngof a'r ferch oedd yn Iwerddon
yn trin galwadau dros y môr,
drwy ein sgwrsio daethom i berthyn,
ni ein dau mewn gwerddon

yn rhannu geiriau.
Yn ddisymwth, gofynnodd
(wedi imi grybwyll barddoni)
imi ddatgan cerdd dros y ffôn.
Er imi betruso, mynnodd
(a'i pherswâd yn cronni)

glywed cerdd Gymraeg,
cerdd yn clecian cynghanedd,
cerdd a'i chyfrinach heb ei brandio
(a minnau'n ceisio ffôn newydd).
Clywais ei thafod rhwng ei dannedd
wrth iddi hi wrando.

Mwynheuodd fy ngherdd
a'i seiniau yn ei swyno
ac yna, â'i chalon ar agor,
'Dim ond geiriau sydd gennym ni,'
barddonodd, cyn parhau i gyflwyno
cerdd ei hun. Daeth rhagor

o chwerthin pan ddaeth
y teitl: 'Terms and Conditions.'
Yna, roedd ffarwelio yn anodd
'rôl ffonio i gael ffôn newydd,
ond dim ond swm ymhlith *commissions*
oeddwn pan ddiflannodd.

Nid yw'r graig yn malio dim

(yn sgil gwylio'r rhaglen ddogfen *Valley Uprising* ar Netflix
am gampau dringo Royal Robbins a Warren Harding)

Edrychodd lan
a gwelodd risiau tua'r nef
o odre'r Half Dome, y graig mor gref,
ac yn y man
aeth Royal Robbins yn ei flaen
gan herio Duw, yn groes i'r graen,
edrychodd lan.

Edrychodd draw
a gwelodd ddyn yn dringo'n Dduw,
yn dofi'r graig dan rhaffau'i griw;
poerodd i'w law
am mai Warren Harding ydoedd e,
roedd yntau hefyd am hawlio'i le,
edrychodd draw.

Edrychodd lan
a meddwodd wrth fynd tua'r nef
a gwneud gwesty o'r graig fawr gref –
El Capitan:
Y brenin yn Yosemite.
Teyrn ddifaddau o graig yw hi.
Edrychodd lan.

Edrychodd lawr
heb edrych 'nôl fel Kerouac gynt,
cododd ddau fys ar gŵyn y gwynt.
Concrodd y cawr,
yno'n wawr roedd y wasg yn un
a Harding nawr yn Dduw o ddyn.
Edrychodd lawr ...

Gan edrych lan
roedd Royal Robbins yn goch ei iaith
yn rhegi'r graig, y graig dan graith –
El Capitan,
â hoelion Harding yn rheg mor rhad,
rhwygodd bob un wrth fynd i'r gad
gan edrych lan.

Gwelai yn glir.
Yn ei gynddaredd oedodd wers,
bu'n dringo i drechu'i elyn ers
dros ddegawd hir.
Ond nid oes ots pwy sydd â'r grym
gan nad yw'r graig yn malio dim.
Gwelai yn glir ...

Yn nhwyni Cynffig

(i Michele ac Eli)

Roedd hi'n Sadwrn fel sawl Sadwrn arall
heb waith na brys i bwyso
ar ein 'sgwyddau.
Ac yn fam a thad a merch,
yn fabi mewn croth a ffrind gorau,
yn rhuthr dau gi ar dennyn yr haul,
aethom am dro.

Heb bwysau'r byd i'n galw ni 'nôl,
bu inni ddilyn llwybrau'r gwynt
trwy'r twyni. Heb ddŵr, heb ots,
bu'r cŵn yn cwrso cysgodion
y brwyn, a sat nav ein trwyn
yn ein tywys tua'r môr.

A lle bu cario fy merch o'r blaen
yn fwrn am fod y plentyn plentynnaidd
yn dwrdio'n fy nwrn, fe deimlais
nad y fi oedd ar daith; taw tad
gwarchodol oedd yn ei chario trwy baith
y twyni o'n cwmpas. Ac wrth i gwmpawd
y corff chwyrlïo'n ddi-hid, fe welwn
Bort Talbot yn gymylau o goncrit a dur
mewn pellter na fodolai yn Nhwyni Cynffig.

A'r diwrnod hwnnw fe gydiodd
ychydig o Saesneg (a fu'n gorwedd yn llygredd
mewn poteli plastig) yn nhafod fy merch,
ond eto fe wyddwn nad oedd ots yn y byd
gan taw ni oedd bia'r twyni
a'r diffeithwch i gyd wrth drampio'n
droednoeth yng nghwmni'r cŵn, a'u rhuthr
yn gadael ein gwên yn ôl traed.

Roedd fy mab, nad oedd eto'n fab, yn saff
yn ei groth fel wyau mewn nyth. Trwy'r twyni
fe aem ar ein taith o hyd, a'r llethrau'n cynyddol
gau amdanaf, yn ludiog am fy nhraed,
nid oeddwn yn mynd i unman. Fel hyn
y bûm cyhyd mewn bywyd cynt,
y fi arall heb yfory i'w weld o'i gell
mor bell o'r byd, y gell o ddibyniaeth ...

Ond agorodd fy myd
yn fôr o ryddid, yn fur eiddil,
yn droednoeth fe deimlwn y ddaear
drwy fy nghroen.

Ac agorodd fy meddwl yn Iwerydd
sy'n dal i lifo yn drai ac yn llanw;
nid anghofiaf y diwrnod hwnnw fyth,
tra bydd y byd dan fy nghroen
a'r gwynt yn fy nal â gronynnau'r
tywod yn Nhwyni Cynffig.

5.6.16

Codi Castell Henllys

Ni thyf ein hiaith fan hyn,
er bod ein geiriau'n gorwedd yn y tir,
gorwedd ac aros i amser orchuddio
pob geiryn â mawnog ei amynedd,
fesul eiliad, dan haenau na fydd rhai
yn eu galw'n haenau o hanes, hyd yn oed.

Cam yn ôl oedd pob cam ymlaen
y prynhawn hwnnw. Talu. Camu yn llawn cyffro
heibio i'r arwyddion dieithriad eu dwyieithrwydd,
camu ymlaen gan gyrchu'r fryngaer
rhwng y coed llwm, dan gyni'r mis bach,
a'u brigau'n ymbil am geiniog neu ddwy
o ddail. Ninnau'n gadael ein cystrawen
Frythonig yn ôl traed ar y llwybyr.

PROFWCH Y DDAEAR / FEEL THE EARTH
O DAN EICH TRAED / UNDER YOUR FEET
TYNNWCH EICH SGIDIAU. / TAKE OFF YOUR SHOES.

Gwahoddiad i'n teulu bach ddawnsio'n droednoeth
â gwadnau ein traed yn sgwrsio â'r pridd,
yn gwrando sibrydion y graean, teimlo tawelwch
y tywod cyn gwledda ar gyfrinachau'r llaid,
a'r rheini'n gofiadwy rhwng bodiau ein traed.

Sŵn injan. Daw ar draws Nant Duad
gan hawlio'r aer a anadlwn. BMW 2 Series Coupé
o acen yn tarfu ar ein sgwrs.
'Which way to the Iron Age fort, Mummy?'
Pob gair yn refio'n ymosodol dros ein sgwrsio troednoeth,
pob brawddeg yn handbreak turn ar draws ein llwybr.

Ond yn ôl dan niwloedd amser yr aethom
yn ein blaenau gan deimlo'n Geltiaid go iawn,
ein traed yn byglyd a'n tafodau'n llawn treigladau.

Dychmygu fod ein clebar yn llinell ffeibr-optig
sy'n ein cysylltu'n syth ag oes a fu
ac yn ein gwefru gyda'r twmpyn hwn o dir.
Brolio y gallem gamu i gwt pennaeth y llwyth
a gofyn am lety, a darn o gig, hyd yn oed,
yn gyfnewid am gerdd y gallai, fwy na thebyg, ei deall.

Yna, tywysydd a'i hunieithrwydd clên, cartrefol,
yn ein diarfogi.
Â hithau ymlaen i'n haddysgu am fywyd yn yr Iron Age Fort.
Fy merch yn cael troelli'r melinfaen a sŵn cogs y canrifoedd
yn troelli, garreg ar garreg dan rym ei dwylo diniwed.
Fy mab yn mwytho'r croen baedd, fel pe'n ddarpar heliwr
a'r tân yn adrodd hanesion hen oesau inni
yn glec cynghanedd a hisian y gelyn.
Dysgu am yr holl blant o dan bump
na fyddent yn goroesi yn yr Iron Age Fort.
Aberth i'r duwiau Celtaidd. Dysgu fod gaeaf
a sawl gelyn yn bygwth goresgyn
y llwythau hyn.

Fesul un, fesul aelod o'm llwyth,
fe gamon ni o'r cwt Celtaidd, yn ôl i'n byd
gorgyfarwydd â'r haul yn ein hatgoffa
i estyn am y ffôn. Cynnal y cof yn lluniau o'r plant.
Tecstio Nain i adrodd yr hanes mewn haicw,
diweddaru'r ffrwd drydar rhag ofn y bu goresgyniad ...

Ac wrth gerdded yn ôl i'r Seat Altea
yn ein Gor-Tex a'n ffonau'n pingio,
ni allai cerddediad ein geiriau Cymraeg, hyd yn oed,
sefyll yn dal fel Caradog yn Rhufain, a gwrthsefyll
y ffaith nad ni, ar ein taith â'n hiaith hardd,
sydd bia'r tir. Efallai taw Phillippa a Poppy
a'u rhieni yn y BMW 2 Series Coupé
yw gwir ddisgynyddion yr Iron Age Fort ...

Canys fe laniodd y Celtiaid yma, un dydd,
yn oresgynwyr, yng nghynefin rhyw deulu diniwed
a chodi Castell Henllys.

Rhwng Gwempa ac Ystrad Merthyr

'Da fab yn y de yw fo
Da am rodd, da Mair iddo;
Gruffudd, fwrdd diodydd da,
Yw'r impyn pur o Wempa.'
                        - Ieuan Tew

Fel clecian cynghanedd
roedd metronôm ein traed
yn dal i bendilio yn ei flaen;
bu ambell droed yn llusgo
wrth i'n camau groesgysylltu
â'r olion hwnt i'r clawdd.

A phan ffarweliasom â Gwempa,
dechreuodd cynrhonyn cythlwng
aflonyddu yn fy mola,
fel petai clochdy ein cyrchfan
yn diasbedain, fel petai'n gwybod
fod gwledd yn ein disgwyl ...

Ar hewlydd cefn y Gwendraeth Fach
ro'n i a'r Crwydriaid ar bererindod flynyddol
rhwng sgwâr y Banc a Llandyfaelog
lle roedd tanllwyth eisoes yn cywydda ei groeso
yn y Llew Coch.

Ro'n i'n rhywle rhwng Gwempa ac Ystrad Merthyr
yn troedio tarmac a ddileodd y cof am lwybrau'r glêr,
y rhai sydd hwnt i gloddiau a hwnt i wybod
rhwng Gwempa ac Ystrad Merthyr
a chantrefi eraill lle roedd nawdd;
ro'n i'n rhywle rhwng Gwempa ac Ystrad Merthyr
pan ges wybod na wyddem ddim byd
a bod cywyddau mawl a marwnad
yn gorwedd yn y caeau o'n cwmpas,

hen haenau o hanes yn gwneud dim mwy
na chael ei bori neu dyfu'n silwair,
y dwfn na sylwir arno yw'r cyfoeth
rhwng Gwempa ac Ystrad Merthyr.

Dau begwn, dau oleudy, dau dŵr
i'n diwylliant a dywyllodd yn hen drawiadau
oedd y rhain, y rhain sydd nawr yn feudy, sgubor
a ffermdy rhwng Gwempa ac Ystrad Merthyr.

Roedd ein hiaith yn selerydd llawnion,
yn gopi newydd sbon o Hendregadredd
rhwng bysedd a'i bwysau'n
werth ei holl eiriau mewn aur.
Roedd ein hiaith yn wydrau
o winoedd coethaf y cyfandir,
roedd ein hiaith yn rhwydwaith gref,
ond erydodd amser hi
fesul gair, fesul eiliad
yn gamaccniad, yn broest i'r odl,
yn diffyg treiglo, yn falio dim,
yn *why bother, mun?*
Hyd nes i'r selerydd wagio, llwydo ac oeri
heb ein geiriau.

Ai haelioni a nawdd a esgorodd
ar enw barddol Ieuan Tew?
A ddarllenodd William Salesbury
bennod o'i Destament Newydd newydd
o flaen tanllwyth cynnes Gruffydd Dwnn,
tanllwyth a'i wres a ddygwyd yn gerddi
yn sgil y croeso?

Wrth adael Ystrad Merthyr, a Gwempa
wedi hen gwympo hwnt i'r gorwelion,
fe deimlwn gynrhonyn o gythlwng
yn cnoi fy stumog ...

Ar y deunawfed o Fedi ...
(2017)

Ar y deunawfed o Fedi,
heb ein help, cerddodd ein mab ni.

Mympwyodd â'i draed yn dilyn
ei drwyn, a'i ben ddim cweit yn siŵr
a oedd y negeseuon yn cyrraedd
hyd fodiau'r traed, fel ceisio cydlynu Mynwy
a Môn, ond mynnai ei ryddid,
ymlaen, â'i ruddiau'n
pendilio rhwng gwefr ac ofn,
a'i lygaid yn anelu am orwelion newydd
wrth adael mur mawr saff
y bath.

Am ennyd, roedd ei fywyd yn rhydd
ar drywydd direol,
heb ganllaw, heb gynllun
o'i blaid nac yn ei erbyn.

Ac yna'n ias eginai ei her,
gam wrth gam roedd yn gweld
cyrchfan fy mreichiau yn agosáu,
ag yntau'n Armstrong y camau cyntaf,
yn Hillary yn llusgo ei hunan
drwy'r llesgedd a'r eira
i gopa ei gamp.

Erwan Teifi a roddodd y fraint o afiaith
i'w dad yn yr eiliad wedi'r wên.

Drwy'r radio a'i drydar wedyn
daeth llais i nodi arwyddocâd
y deunawfed o Fedi
i bobol fel ni sy'n magu babi,
â chenedl yn ei chewynnau.

Ond a hithau yn dal i weithio
gam wrth gam ac yn gweld
gorwelion newydd
â rhyddid yn ei gruddiau,
oes 'na law yno i'w chymell
i gamu bant
o'r mur mawr saff?

Calon

(stori wir)

'Ga i f'yta dy go's?'
'Na, Dad, dwi angen honna i ddawnsio.'

'Ga i f'yta dy glust? Elai'n berffaith gyda mwstard ...'
'Ych a fi! Gas 'da fi fwstard. A na chei! Dwi angen fy nghlust
i wrando am sŵn traed Siôn Corn, pan ddaw ...'

'Ga i flas o eigion glas dy lygad?'
'Dim siawns! Gyda fy llygad dwi'n gweld trwy dy gemau sili,
Dadi.'

'A gaiff dy dad f'yta dy fys?'
'Na chaiff. Gyda hwnna, dwi'n pwyntio at fy hoff seren.'

'O'r gore ... un cwestiwn ola' ... Ga i hawlio hansh o dy galon?'

'Na chei. Callia'r drongo!

Fy nghalon i yw hi, fy stafell fach i gadw pawb
sy'n ein gadael, i fyw'n wên, y rhai a fu'n wael,
fel bod ganddyn nhw yfory a haf arall.
Af â'r rhain i bobman gyda fi.

Yn y galon, fe'u gwelaf.'

Cwmpentwll

Mae'r wawr yn torri'n wên
dros Gwmpentwll
am mai gwenu o hyd dan ganu wna'r haul
yng Nghwmpentwll,
y pentre yng ngorllewin Unman
nad yw'n troi gyda'r byd,
lle mae'r trigolion yn odli'n
gymdogaeth agos,
yn 'shwmae 'eddi?'
a 'dal i gretu',
ac er nad pentre di-nod
mo Cwmpentwll,
digon di-nod yw'r pentre hwn
yn rhwydwaith pentrefi'r Llwybr Llaethog;
hen bentre bach di-ferf
lle nad oes fawr ddim yn digwydd,
fawr ddim heblaw eich bod chi
yn cael dilyn fy llwybyr
yn llythyr mewn llaw,
am mai fi yw postmones
a bardd Cwmpentwll ...

Ni wenodd y wawr
ar Adar a Maryam a'u teulu bach
wrth iddyn nhw bacio'r dim byd
a oedd ar ôl o'u cartref yng nghanol
rhyw ddwyrain pell ...

Er nad oes fawr ddim i'w gael
yng Nghwmpentwll
mae popeth ar gael yma hefyd:
y neuadd a'r siop gornel,
yr eglwys a'r capel (sydd ar fin cau bob dydd Sul),
o'r goedwig i'r cae rygbi (er na fu tîm yma ers tro)
i'r llyn sydd weithiau'n ddwfwn ei ddŵr

(pan fydd y trigolion wedi galaru digon
a chasglu'r dagrau yn y cynhebrwng
i'r plantos gael ymdrochi'n drist
ar ddiwrnod braf).

Ac ar ddiwrnodau braf fe wêl y plantos
adlewyrchiadau hafau doe
ar y dŵr.

Weithiau daw'r Bardd Uwchben
i ddileu hyn oll o'i ddalen wen,
am ei fod yn gallu.

Ar ddiwrnodau di-bost crwydraf lwybyr yr Awen
rhwng ffuglen a ffaith, ar hyd Rhodfa'r Hydref
a Rhododendron Drive, tuag at y fan lle saif
ein coedwig weithiau.
Yno ymysg cyndeidiau Cwmpentwll
a'u brigau'n breichio eu croeso,
clywaf yr adar
a'u 'shwmae 'eddi?'
a'u 'dal i gretu'
rhwng sŵn diwydiant cnocell
yn egsbloetio coeden arall
ac Anti Gwen, y dderwen ddoeth,
yn falch o gael cwmni.

Arferai'r tymhorau fod yn dymhorau
yng Nghwmpentwll, ond trodd Mai
yn Ionawr a hydref yn wanwyn
a'r afon yn *river* i rai;
llygrwyd hi â geiriau o bant
wedi eu gadael yn drolis a sbwriel ar y lan.

Ni all y Bardd Uwchben, hyd yn oed,
rwystro rhai pethau rhag staenio'r ddalen ...

Yn ystod eu taith
o ganol rhyw ddwyrain pell
genir mab arall i Adar a Maryam,
a than gysgod lloches
rhag cysgod rhyfel
fe wêl Adar ei fyd
yn cael ei greu o'r newydd
yn niniweidrwydd llygaid ei fab.

Dewch o ddrws i ddrws
ar hyd y strydoedd o resi
sy'n arwain i unman ond am yn ôl
i'r dechrau,
am mai cylchoedd bychain
yw bywydau pobol Cwmpentwll.
O'r cylchoedd cwta wna'r hen bensiynwr
wrth rantio'n felin wynt am y newyddion
nad yw'n effeithio ar ei allu i gylchdroi
yn y parlwr o gylch y tân, y cylch
sy'n cau ac ailgychwyn
gyda chylch newydd o newyddion,
i gylch caeth trywydd
fy nyddiau drwy bob tywydd annheg,
sydd fel byw mewn cylchoedd tylwyth teg,
yn negesydd Cwmpentwll.
O ddrws i ddrws bob dydd ar hynt
wahanol, ond unffurf, a phob wyneb
yr un peth bob dydd, yn wyneb o siom
na chofiodd y byd amdano, neu'n wên o weld
fod y byd wedi peidio, am ennyd,
i ddanfon gair cyn mynd yn ôl i droi
ar ei hynt.

Yr wynebau sy'n creu fy Nghwmpentwll,
o'r hen ddiacon smart, boed Fercher neu Sul,
i'r banciwr blin sy'n cerdded â'i gi
yn eu cylchoedd beunyddiol gan daflu
'another day, another dime' ataf fel pe'n ei daflu'n
geiniog at gardotyn, cyn troi a phoeri
Cymraeg ar ei labrador du ... 'dere mlân, gad hwnna i fod' ...

O'r athrawes bendrom sy'n cario'i beichiau'n
ffeiliau gwag bob bore, gan ddod adre'n waglaw
bob pnawn, i'r hen wraig ffein
sy'n gwenu arnaf a sgubo'r rhiniog am yn ail,
y rhiniog sydd wastad yn lân a hithau'n
sgubo amser yn eiliadau sychion i'r lôn,
o'r ffordd.

A hithau, y fam sengl ifanc
ddi-gâr, ddigymar, ddigyfeiriad,
sy'n troedio'r un trywydd trwy Gwmpentwll,
yn anwylo ei ffôn, ei babi, yn dynn yn ei llaw,
wrth wthio ei hepil yn y pram.
Goleua ei hwyneb â phob chwerthiniad,
pob awgrym o ddeigryn yn ennyn
ei sylw di-ben-draw, wrth i synau annwyl
ei bysellfwrdd lonni ei chalon yn fam falch,
a'r tincian ar wyneb ei baban hi yw eiliadau'r dydd
yn treiglo'n newyddion a negeseuon
a chlecs a secs a siopa a hanes bechgyn drwg
a'u hamser da, a'r ymatebion i'w negeseuon
fel ymwelydd cyffrous i dŷ anghysbell bob tro;
ei hwyneb yn goleuo gan lewyrch pob ateb,
ei gwar yn grwm gan bryderon diateb ei manion mawr,
tra bo ei mab yn griddfan yn moyn maldod
yn y pram.

Fe'i gwyliaf hi, wedi'r shifft fin nos,
yn dal i gylchdroi, gan wthio'r pram,
a'r byd a wêl yn goleuo ei gên
yn adlewyrchiad o bob dyhead dwfwn,
a'i phen yn isel a'i gwar mor grwm.

Ac wrth eistedd yma'n canu parhad eu bywydau
yn eu cylchoedd caeth, gwelaf y neb o wyneb
a wisgir gan bawb yng Nghwmpentwll.

Tua'r babell sy'n gwegian yn y gwynt
o ryw ddibendrawdod
rhed llwybyr â llythyr mewn llaw,
llythyr a'i inc yn dal yn gynnes
â geiriau o groeso.

Cama Adar a Maryam a'r plant
o'r babell i stafell sgleiniog, lân,
lle gwelant yfory gwell
yn eu hadlewyrchiad ar y muriau
a drws yn arwain at awyren ...

Ddiwrnod neu ddegawd ynghynt
wrth i'r lloer daflu ei phoer
at y wawr a'i ffin,
genir mab a'i lygaid gleision
yn haf o donnau yng Nghwmpentwll,
yn adlewyrchu hafau yfory
ar fôr a'i ferw, yntau
ym muriau o freichiau ei fam
dan ffurfafen o anadl ei dad. Gwelir
galaeth a'i ddibendrawdod
yn ei wyneb, ac rwyf fi yno
i ganu'r geni i fodolaeth
a rhoi'r gân ar gof fel bardd
Cwmpentwll.

Cyrhaedda car diarth
gan barcio rhwng y dafarn a'r capel.

Eheda angel tawelwch
dros Gwmpentwll
tra saif y trigolion yn stond:
delwau â'u llygaid-Mona-Lisa'n
dilyn y dieithriaid o'r car,
yn dilyn pob cam drwy'r pentre.

Fel dominos yn disgyn,
lledodd si o wyneb i wyneb drwy Gwmpentwll.

Trodd glaniad dieithriaid
yn bobol-dwgyd-arian,
yn rhybudd-dirwyn-busnes-i-ben,
yn ysbiwyr-gwlad-gelynion,
yn fwytawyr-ein-plantos-bach-ni,
yn chwalwyr-priodasau'r-pentre,
yn ddemoniaid-o-gwrlid-nos-sy'n-difa-golau-dydd ...

... yn fwystfilod i'w gyrru o Gwmpentwll.

Ag amlinell y coed yn wythiennau
ar gynfas y cyfnos, ymgasgla'r pentrefwyr
a'u calonnau cynddeiriog yn curo,
yn morthwylio yng nghawell pob brest,
pob llaw yn codi'n bicwarch,
pob gwaedd yn bastwn gwaedlyd,
pob brest yn chwyddo'n llawn casineb,
pob anadl yn ymgordeddu'n nyth gwiberod,
pob edrychiad yn hogi llafn,
pob ysgwydd yn sgwario'n rhes o gyhyrau tyn,
pob cam ymlaen yn ddrymio cadarn cadens dienyddiad
a'r Bardd Uwchben yn ddiymadferth yn wyneb y bwystfil ...

Rhed Adar a Maryam gan ddal eu plant yn dynn
a braw yn gyrru pob cyhyr yn eu cyrff,
ar herw ar hyd erwau anghyfarwydd Cwmpentwll.

Daw'r goedwig atyn nhw
a'u hamgylchynu'n fôr o foncyffion
cyn i'r tonnau pren a'u hewyn o ddail gau
amdanynt.

Cilia lleisiau'r dorf
i bellafion clyw, difa'r sŵn
wna cocŵn y coed.

Moesymgryma'r cyndeidiau
a chynnig mainc o gainc i'r teulu'n
ymddiheuriad am fileindra'r meidrolion,
a brigau'n freichiau o gysur
gan sychu'r dagrau â'u dail.

Heidia'r adar atynt:
y barcud coch yn cario cig i'w rannu,
y titw'n cynnig chwarae â'r plant,
y gnocell a'i gang yn cynnig saernïo lloches,
yr eos yn canu i godi calon
a'r golomen wen yn eu goleuo
tra bod y brain yn gylch o gyngor dwys,
yn trafod y trafferth wrth iddyn nhw
amsugno braw tywyll
Adar, Maryam a'r plant
i'w plu.

A'r noson honno, bu'n glawio'n ddi-baid
wrth i'r Bardd Uwchben alaru
dros ei bobol.

*   *   *

Torrodd y wawr yn deilchion,
yn falurion euraid ar lawr,
galwyd fi yno i'w sgubo
a'u casglu'n bentwr mawr a chreu drych
i'w ddal yng nghanol Cwmpentwll.

Galwodd chwilfrydedd bawb ynghyd.
Ai'r wawr racs yn wal
a wynebai'r wynebau hyn?
A pham fod pob cysgod oedd i'w weld ar y mur
yn llawn llygaid ellyllaidd, yn gyrn diafolaidd,
yn groen annaearol ac ystum difaol?

Ac yna fel un, rhoddodd y pentrefwyr naid
am yn ôl mewn braw
o weld taw eu hadlewyrchiad a welent.

Cododd pob wyneb tua'r nen
gan wybod beth oedd i ddilyn ...

           ... Yn chwalfa'r creu, chwalu ac ail-greu
                yw grym barddoniaeth,
                   troi'r cloc yn ôl
                 yw trywanu'r geiriau
              â llinell ddu, eu crogi'n oeraidd
                 â rhaff o sgribliadau,
                  ailddechrau'r daith
             a rhoi trywydd gwell wrth godi
                o'r gwely i wynebu'r wawr
                a gweld nad oes bwystfil,
             wrth droi i rythu'n y drych,
                  yno'n edrych 'nôl.

Cyrhaedda car diarth
gan barcio rhwng y dafarn a'r capel
a daw pawb mas i estyn llaw
o groeso i Gwmpentwll ...